历史学的实践丛书

历史学的实践丛书

什么是拉美史

What is Latin American History

〔美〕马歇尔·C.埃金（Marshall C. Eakin） 著

董经胜　潘欣源　罗亦宗　译

著作权合同登记号 图字：01-2021-7224

图书在版编目（CIP）数据

什么是拉美史 /（美）马歇尔·C. 埃金著；董经胜，潘欣源，罗亦宗译. —北京：北京大学出版社，2024.2

（历史学的实践丛书）

ISBN 978-7-301-34752-2

Ⅰ. ①什… Ⅱ. ①马… ②董… ③潘… ④罗… Ⅲ. ①拉丁美洲 – 历史 Ⅳ. ① K73

中国国家版本馆 CIP 数据核字（2024）第 017135 号

What is Latin American History?
Copyright © Marshall C. Eakin 2021
First published in 2021 by Polity Press
This edition is published by arrangement with Polity Press Ltd., Cambridge
Simplified Chinese Edition © 2024 Peking University Press

书　　名	什么是拉美史 SHENME SHI LAMEISHI
著作责任者	〔美〕马歇尔·C. 埃金（Marshall C. Eakin） 著 董经胜　潘欣源　罗亦宗 译
责任编辑	李学宜
标准书号	ISBN 978-7-301-34752-2
出版发行	北京大学出版社
地　　址	北京市海淀区成府路 205 号　100871
网　　址	http://www.pup.cn　新浪微博 @ 北京大学出版社
电子邮箱	编辑部 wsz@pup.cn　总编室 zpup@pup.cn
电　　话	邮购部 010-62752015　发行部 010-62750672 编辑部 010-62752025
印 刷 者	三河市博文印刷有限公司
经 销 者	新华书店 880 毫米 ×1230 毫米　16 开本　12.75 印张　149 千字 2024 年 2 月第 1 版　2024 年 2 月第 1 次印刷
定　　价	52.00 元

未经许可，不得以任何方式复制或抄袭本书之部分或全部内容。
版权所有，侵权必究
举报电话：010-62752024　电子邮箱：fd@pup.cn
图书如有印装质量问题，请与出版部联系，电话：010-62756370

目 录

致 谢 ... i

序 言 ... 1

第一章　什么是拉丁美洲 ... 1

第二章　先驱的世代 ... 19
　　历史与殖民主义 ... 19
　　19世纪的学科起源 ... 20
　　职业化：学术共同体（在三大洲）的出现 ... 25
　　大繁荣的前夜 ... 31

第三章　经济与量化转向 ... 43
　　繁荣年代 ... 43
　　"量化时刻" ... 47
　　马克思主义与依附理论 ... 53

第四章	社会转向	63
	关于奴隶制、废奴运动和种族关系的比较研究	64
	原住民族	71
	农村史	75
	矿工、商人与城市工人	80
	妇女与性别	88
	制度：新的视角	92
	拉丁美洲史的建制化	97

第五章	文化和其他转向	99
	世纪末（Fin de Siècle）	99
	文化转向？	102
	拉丁美洲史和文化转向	108
	性别与性	118
	原住民历史	123

第六章	超越拉美史	127
	新世纪，新千年	127
	边境和边疆	128
	跨国史	132
	新经济史？	138
	大西洋世界的出现	141

种族与族群	147
自然转向？	150
科学、医学、公共卫生和技术	155
统一性和多样性	163

后记：拉丁美洲史的未来   165

进一步阅读   173

索 引   179

致　谢

我要感谢帕斯卡·波尔舍龙和政体出版社邀请我撰写此书。虽然我长期以来一直在思索拉丁美洲的史学史，甚至就此课题写过一些东西，但本书的写作还是给了我一个更密切、更深入地审视本领域的长时段发展的机会。在过去五十多年里，我一直参与并观察着本书第三至第六章中所描述的史学进路的不断变化。无论从专业角度还是个人的角度，回顾这段历史，都是与过去几十年、几个世纪的拉美历史和史学家之间一场富有启发性的相遇。

我要在此拥抱汤姆·霍洛威，感谢他自本项目启动以来给予我的劝告和建议。我同样十分感谢两位匿名的外审专家对原稿提出的无私且有益的评论。很多很多年前，在拉丁美洲史学会的教学委员会共事时，特蕾莎·米德给予了我最初的推动（我们当时都没意识到这一点）。谢谢你，特蕾莎。四分之一世纪后，我们讨论的成果呈现于此。一如既往地，非常感谢我在范德比尔特大学历史学系的同事们，特别是简·兰德斯、塞尔索·卡斯蒂略、埃迪·赖特－里奥斯，以及弗兰克·罗宾逊，我们的拉美史"洪达"（委员会）。2020年秋季，参加我的拉美史研究研讨班的研究生们阅读和讨论了本书

初稿的早期版本。克劳迪亚·蒙特洛罗萨·里维拉、安德烈·拉莫斯·查孔、里基·萨卡莫托-皮尤和阿里克斯·桑切斯,谢谢你们。

最后,非常感谢帕斯卡和他能干的团队——艾伦·麦克唐纳-克莱默、斯蒂芬妮·荷马、瑞秋·摩尔和卡洛琳·里士满,他们自始至终都是这个项目的引领者。

序 言

过去半个世纪以来，拉丁美洲史已成为一个充满朝气与活力的研究领域，尽管拉美史学者发现越来越难以一致地界定他们所研究的地区。随着这一领域变得愈加职业化和专门化，研究该区域的一些最有影响、最具创新性的作品跨越了多重政治和文化的界限，通常在主题上和地理上延伸到世界其他地区。这一研究领域一个世纪之前开始兴起，大致脱胎于少数欧美历史学者受到拉美人撰写的民族国家历史启发而创作的著述，他们的作品通常受到母国在拉美和全世界势力的影响。在全球化和跨国交往迅猛发展的当今时代，拉丁美洲史成为历史学专业中高度发达的领域，然而，在接下来的几十年中，谈论我们能够称之为拉丁美洲的事物，将变得更加困难。作为一个清晰连贯的区域和研究对象的拉丁美洲的终结，可能会是拉丁美洲史的未来。

在美国，拉美史研究职业化于19世纪末，在20世纪前半叶缓慢发展，并在20世纪最后几十年中变为一个充满活力的、成果丰硕的专业领域。21世纪最初20年里，拉丁美洲史学会（The Conference on Latin American History）作为美国拉美史学者最重要的

专业学会，会员人数超过一千人。（相比而言，2020年，美国历史学会的会员人数为大约12000人。）与美国同时，一个相对较小却重要的历史学者共同体出现于英国和加拿大，而在澳大利亚，一个非常小而精的群体到2000年也开始成型。和英国很相似，在整个欧洲，也存在着一些不大的拉美史学者共同体，其中最引人注目的在西班牙、葡萄牙、法国和德国。

毫不令人吃惊，绝大多数拉美历史著作出自拉美人之手。直到20世纪后半叶，在这些著作的绝大多数作者中，只有极少数人是职业化的或者受过大学训练的历史学者。第二次世界大战以来，随着大学和研究生项目的兴起，目前几乎所有的拉美国家都在稳定地培养一批批拥有大学教职的职业历史学者，他们在大量的专业杂志和出版机构发表作品。1950年后，尽管出现了一个不断发展的趋势，即愈加意识到研究需要跨越国家边界，但是，拉美国家的历史学者发表的绝大多数作品还是聚焦于他们自己的国家，或者他们国家的某一地区。仅以巴西为例，到2010年，大学研究生项目每年产生1000多篇硕士论文和300多篇博士论文，其中绝大多数以巴西历史为研究对象。简而言之，在拉美历史著作的完成方面，存在着显著的不对称现象。在拥有庞大的、高度发达的大学博士项目的美国，仅历史学博士项目就有170多个，拉美史学者在其中占大约7%，每年完成大约75篇博士论文。在墨西哥和巴西，两国都有高度发达的历史学研究生项目，大约80%以上从事学术工作的历史学者以本国历史为研究对象。

序言

本书篇幅不大，旨在追溯拉美史领域的发展，着重于近几十年和英文学术界，主要原因有二。第一，其主要面向美国和英国读者。第二，拉美国家出版的历史学作品如此众多和多样化，以至于对任何一个历史学者（无论他来自该地区的哪个地方）而言，都不可能充分把握。我将在本书中讨论美国、欧洲和拉美的趋势，但重点在于英文著作。在注释中，我提到一些有代表性的著作，但是并不试图使我的引证面面俱到。

历史学者的目标之一是力图——虽然难以完美地——揭示过往，从而通过观察我们从哪里来，理解我们是谁。我们是谁——作为个体、社会、民族——带有几十年、几个世纪，甚至几千年的历史进程和事件的痕迹。如果没有对至少5个世纪以来的这一进程和事件的深入了解，就不可能理解当代的拉丁美洲。在这本单薄的小册子中，作为历史学者，本人转向过去，以理解拉丁美洲历史领域，包括其起源、模式，以及多样的路径。如果对于我们怎样到达此时此刻没有一个长远的眼光，就不能理解当代拉丁美洲；正因为如此，如果不去回顾过去，理解以往几十年和几个世纪的诸多路径的交会与分歧，拉美史学者就不能全面地理解这一领域。长期以来，这一领域对来自多个学科和研究多个大陆的方法的影响一直是开放的。这一领域长期开放地汲取来自不同地区的各个学科、各种方法的教益。我的希望是，这本简短的通论，能在一定程度上为理解拉丁美洲历史领域的产生、发展、复杂性和分化提供一些洞见。

第一章探讨一个核心难题——如何界定这一被称为拉丁美洲的

地区。在人文和社会科学界，研究这一地区的学者甚至不能就这一术语的定义达成一致。从事文化研究的学者越来越坚持，把拉丁美洲称为一个区域的观念本身就是一个错觉，这一错觉源于帝国主义和冷战斗争，这一术语从一开始就是错的，应该将其抛弃。随后，第二章将从那些19世纪的我称之为"绅士学者"的著作中，追溯这一领域的缘起，以及第一次世界大战之前在北美、欧洲和几个拉美国家中较小的学术共同体的成长。在美国，专业领域在20世纪前半叶开始兴起，到20世纪50年代，古巴革命和美国对拉美左派革命兴起的反应刺激了拉美研究的繁荣。随后的四章大致根据主题安排，稍微兼顾时间顺序。20世纪60年代和70年代，普遍而言的历史学专业以及特定而言的拉丁美洲史，发生了一种社会和经济转向。历史学者离开高级政治、外交和战争，转而强调社会阶级，"自下而上的历史"，以及计量化。随着拉美史学者计量、列表、估算价格、工资和经济指数，并试图揭示根本性的经济和社会结构，结构开始流行。第三章和第四章即探讨社会和经济转向。

到20世纪80年代末，社会和经济史学的潮流——尤其是计量化——衰退了（与多数专业一起），拉美史学者投入了所谓的文化转向，特别是在美国。他们避开结构和元叙事，深入钻研身份、种族（race）、族裔（ethnicity）和文化分析。他们转向能动性和微观历史，而非构建民族（nation）和结构叙事。第五章分析了这些趋势。第六章转向过去二十年来拉美史内部的各种不同的趋势。随着新形式的社会和政治史的浮现，文化转向的主导地位下降了。已经出现了对帝国的、跨国的、区域的、全球的视角的重视，最显著地体现在诸如边境史和大西洋史领域。而最引人注目的现象，是在过去两代人的时间里，拉丁美洲发表成果的不断增长和学术共同体的扩展。在后记中，我将再次回头讨论关于拉丁美洲的观念、这一地区的国家和人民不断发展的多样化，以及将来撰写拉丁美洲历史所面临的挑战。

第一章

什么是拉丁美洲

无论作为一个区域还是作为一个名称,拉丁美洲一词都令人困惑。这一区域的范围不清晰,这一名称用词不当,对一些人而言,这个地方甚至不存在。几大洲有数千名学者研究拉丁美洲。在美国,几十年来,更广泛的拉美研究领域充满活力、不断成长。每隔四年,美国教育部向大约15家拉美研究的"国家资源中心"(national resource centers)给予几百万美元的资助。然而,看来没人喜欢世界上该地区的这一名称,越来越多的学者甚至宣称,拉丁美洲作为一个观念本身就是欧洲和美国精英的虚构之物。如果他们是对的,那么拉美史领域就是一个错觉。即使是那些为这个术语的有用性(尽管也承认存在缺陷)辩护的人,也恰恰无法就它所包含的范围达成一致意见。而且,在21世纪,随着该地区的很多国家继续发展,越来越难以辨识出它们之间显著的共同特征,以将其归拢为一个具有凝聚力的、有意义的区域单位。可以谈论拉丁美洲的历史,但它可能没有什么未来。

拉丁美洲（Latin America）这一名称，或者更确切而言，西班牙语和葡萄牙语中的 América Latina，甚至直到 19 世纪中叶才在印刷品中出现。此前 350 年，当克里斯托弗·哥伦布在他称为"加勒比海"的地方登岛上岸时，他坚信自己到达了印度的东海岸（日本和中国）。1507 年，德国地图学家马丁·瓦尔德泽米勒（Martin Waldseemüller）绘制了该地区最早的地图之一。他阅读过佛罗伦萨航海家亚美利哥·韦斯普奇（Amerigo Vespucci）跨大西洋航行的记述，相信后者已经发现了这一新世界，并进而将这一"新的"大陆命名为美洲（America），作为对他的纪念。这位伟大的地图学家后来对自己的错误感到后悔，并从他的地图中删掉了这一命名，但是现在这个名称已经伴随我们五个多世纪了。

美洲的土地和人民向欧洲人提出了一个重要的智识挑战。它们未曾出现在西方文明的两类最重要的权威著作中，即《圣经》与古希腊和罗马的经典著作。在"哥伦布时刻"之后几十年，欧洲人依然困惑于如何解释美洲土地和人民在欧洲文明的根本原典之中缺席，以及如何将美洲的土地和人民纳入自己的世界观。① 这些"印第安人"是以色列失落部落的后裔么？他们是人么？他们拥有灵魂么？欧洲人通常将美洲称为"新世界"，以区别于他们早已知悉的欧洲、非洲和亚洲大陆构成的"旧世界"。随着西班牙的新殖民地逐步成形，王室逐渐创立了庞大的官僚机构对它们进行管理，并追随哥伦

---

① 参看，例如 J. H. Elliott, *The Old World and the New, 1492–1650* (New York: Cambridge University Press, 1970)。

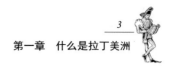

第一章 什么是拉丁美洲

布将该地区称为"印度各地"(las Indias)。

1492年,由北美、中美以及南美和加勒比构成的这一庞大地理区域,是大约7500万甚至更多的土著居民的家园,他们被哥伦布(错误地)称为印第安人(indios),这是又一个强加的名称。16世纪,土著美洲人口急剧下降了可能75%到90%之多,主要由来自欧洲和非洲的疾病(天花、麻疹、流感、瘟疫、疟疾、黄热病)导致。17世纪,土著人口开始从这一令人难以置信的人口灾难中缓慢回升。在征服和殖民统治的四个世纪中,欧洲人还将至少1200万非洲人戴上锁链,运往大西洋彼岸,为种植园和矿山提供奴隶劳工,并在殖民地生活的几乎各个领域劳作。奴隶贩子将这些非洲人的大多数(大约80%—85%)运往加勒比盆地和巴西东部。16世纪以及殖民地时期,每年来到该地区的西班牙人和葡萄牙人大概不到1500人。因此,19世纪初独立战争爆发时,估计该地区的2500万居民中,包括大约1500万土著人、300万欧洲裔、200万非洲裔的奴隶以及500万混血种人。即使经历了三个世纪的殖民主义和剥削,我们现在所谓拉丁美洲的一半以上的居民仍然是土著美洲人,欧洲人(或拉丁人)血统的人数只占10%多一点。西班牙和葡萄牙获取的广袤土地自今天美国的南部地带(从加利福尼亚到佛罗里达)延伸至火地岛。1600年后,随着法国、英国和荷兰帝国的崛起,这些欧洲列强取得了对很多加勒比岛屿(如牙买加、巴巴多斯、圣多明各和库拉索),以及在美洲大陆的飞地(如圭亚那、伯利兹甚至路易斯安那)的控制权。

到18世纪,出生在美洲的西班牙人后裔日益自称为克里奥尔人（criollos），以区别于出生于西班牙但居住在美洲的西班牙人（半岛人）。虽然巴西的葡萄牙人后裔也认识到自身与出生在葡萄牙的葡萄牙人之间的区别，但这种社会差异不如克里奥尔人和半岛人之间的区分那样明显。欧洲人和欧洲裔美洲人有时称他们所在的地区为西班牙美洲（América española）或葡萄牙美洲（América portuguesa）。19世纪初，当欧洲裔美洲人为摆脱他们的殖民主人而奋起斗争时，他们将自己区别于欧洲人，并开始自称为美洲人（Americanos），或者，在西班牙殖民地，自称为西班牙美洲人（hispano-americanos）。

以武力与西班牙和葡萄牙断绝关系，以及到19世纪40年代大约15个新国家相继产生，使独立战争的领导人面临为他们在瓦解的殖民帝国废墟上试图建立的国家和民族构建名称、象征和仪式的需求。西蒙·玻利瓦尔（Simón Bolívar），这位南美北部伟大的解放者，梦想将各个前殖民地组建为一个联邦，一个伟大的美洲国家。1830年年底，大失所望、垂死挣扎、被迫流亡的玻利瓦尔看到自己的梦想破灭，得出结论，"美洲是难以统治的"，"革命者是在大海上耕耘"。当他提到美洲时，显然指的是作为整体的前西班牙殖民地（而非美国或巴西）。当绝大多数新的领导人投身于构建自己的民族国家时，一些知识分子接受玻利瓦尔的宏大视野，在构想一个具有共同文化——如果不是政治——身份的地区。

具有讽刺意味的是，拉丁美洲这一术语（在西班牙语和法语中）最初见诸文献的运用是在19世纪50年代和60年代的法国，它出自法国、哥伦比亚和智利的知识分子的一系列文章之中。① 这一术语部分地服务于将西班牙（有时是法国和葡萄牙）美洲与美国日益增长的力量区别开来，这些知识分子将后者称为盎格鲁－撒克逊美洲。该地区的知识分子和外交官构想了一个由其语言（起源于拉丁语）和宗教（天主教）的文化传统界定的拉丁种族，与之对立的是美国侵略性的、日益走向帝国主义的、新教的盎格鲁－撒克逊种族。从法国的角度而言，努力强调西班牙、法国和葡萄牙的前殖民地（"拉丁"人民）之间共同的文化纽带还有助于为拿破仑三世在美洲的帝国主义野心——特别是19世纪60年代他对墨西哥的入侵——带来合法性。到19世纪中期，法国还成为在该地区新兴的占支配地位的民族精英中文化影响力最强的国家，而这种文化吸引力也是知识分子接受拉丁美洲这一名称的重要原因。

拉丁美洲这一名称的产生和逐步被采纳包含了很多反讽意味。首先，也是最为明显的，19世纪中期，生活在该地区的绝大多数人口是土著美洲人（特别是在墨西哥、中美洲和安第斯地区）、非洲人后裔（特别是在加勒比盆地和巴西），以及在种族和文化上的混血人口。在墨西哥、中美洲和安第斯地区，绝大多数土著人口甚至不说"拉丁"语言。在政治和文化上占支配地位的欧美精英创

---

① Thomas H. Holloway, "Introduction," in Thomas H. Holloway, ed., *A Companion to Latin American History* (Malden, MA: Wiley-Blackwell, 2011), pp. 1–9; Michel Gobat, "The Invention of Latin America: A Transnational History of Anti-Imperialism, Democracy, and Race," *American Historical Review*, 118/5 (2013): 1345–1375.

造了"拉丁"这一修饰语,但是从根本上说,这仅仅代表了一种愿望,而非现实。这些知识分子创造了"拉丁"美洲,以区分于盎格鲁-撒克逊美洲(美国),而后者同样是具有很深的反讽意味的。尽管大量的欧洲人流入北美,但是即使在19世纪50年代的美国,几乎每七个居民中就有一人是被奴役的非洲人后裔,土著人口也很多,而且很大比例的欧美人既非盎格鲁-撒克逊人,亦非新教徒!19世纪晚期,随着移民加速到来,最大的移民潮并非来自英国,而是来自欧陆,特别是南欧和东欧。寻求创建拉丁美洲民族的克里奥尔精英误入歧途,给自己的地区和美国都贴上了错误的标签。从一开始,这就是一个错误的、有缺陷的二分法,却具有漫长的生命力。

20世纪初,在美国,随着一个规模不大但充满活力的学者共同体的发展,拉丁美洲这一术语开始出现在著作和文章的标题中。第一次世界大战期间,当这些学者创立自己的杂志时,拉丁美洲依然只是标识这一地区的一种可能的术语。经过争论,他们最终确定使用《"西班牙美洲历史评论"》(*Hispanic American Historical Review*),① 而非《"拉丁美洲历史评论"》(*Latin American Historical Review*),主张Hispanic这一术语同样涵盖了葡萄牙巴西。直到第二次世界大战结束时,拉丁美洲这一术语才成为标识美国以

---

① Hispanic在该刊名称中为古义,"伊斯班尼亚的",指代整个伊比利亚半岛;故Hispanic America指涉原西、葡在美洲的殖民地以及在此基础上产生的国家。本书统一采用约定俗成的译名"西班牙美洲",但在此注明原义。——译者注

第一章　什么是拉丁美洲

南的区域最常用的说法。随着二战结束，冷战兴起，出于战略目的，美国国防和安全部门对全球进行划分。在1958年的《国防教育法》（National Defense Education Act）中，大量的专门用语被标准化了。这一法案的通过，是对苏联及其第一颗环绕地球的人造卫星斯普特尼克（Sputnik）的发射（1957）带来的潜在威胁的直接反应。该法案旨在建设美国的高等教育（特别是数学和科学）以应对冷战特别是苏联的挑战。这一立法导致了"国家资源中心"和由联邦政府资助的"地区研究"（area studies）奖学金项目的设立，以推动研究世界不同地区的学术知识的发展。如同对研究俄国和东欧、亚洲、非洲以及世界其他地区的中心一样，政府也开始资助研究拉丁美洲的中心。①

当前我们的拉丁美洲的概念，最主要的根源在基金会和政府机构于1945年以后重新"绘制"世界各地区地图的努力。20世纪40年代，国家研究理事会（National Research Council）、美国学术团体协会（American Council of Learned Societies）、史密

---

① 有关该课题的重要讨论，参见 Mark T. Berger, *Under Northern Eyes: Latin American Studies and U.S. Hegemony in the Americas, 1898–1990* (Bloomington: Indiana University Press, 1995), esp. pp. 16–17。另参见 Richard D. Lambert, et al., ed., *Beyond Growth: The Next Stages in Language and Area Studies* (Washington, DC: Association of American Universities, 1984); David Szanton, ed., *The Politics of Knowledge: Area Studies and the Disciplines* (Berkeley: University of California Press, 2004), esp. Paul W. Drake and Lisa Hilbink, "Latin American Studies: Theory and Practice," pp. 34–73; Helen Delpar, *Looking South: The Evolution of Latin Americanist Scholarship in the United States, 1850–1975* (Tuscaloosa: University of Alabama Press, 2008); Ricardo Donato Salvatore, *Disciplinary Conquest: U.S. Scholars in South America, 1900–1945* (Durham, NC: Duke University Press, 2016)。

森学会（Smithsonian Institution）组织成立了民族地理学委员会（Ethnogeographic Board）。通过他们的工作，特别是在《国防教育法》通过之后，美国学术界（与情报和国防部门一道）将世界划分为不同的区域（region）或地区（area），大学则争先恐后地组织"地区研究"中心。拉丁美洲，以其看似占统治地位的伊比利亚语言、政治和文化传统，成为世界上最具明显统一性的地区之一。在很多方面，它比"欧洲"或"东南亚"地区更有统一性，考虑到后两者在语言和种族方面的多样性。用何塞·莫亚的话说，该地区是"世界上最大一片以相同法律实践、语言、宗教、命名模式、城市空间规划凝聚在一起的地区"。① 从一开始，拉丁美洲地区研究项目面临的窘境是如何处理"非拉丁"地区和人口，特别是加勒比盆地（尤其是英属西印度和美国领地），以及那些原属西班牙美洲帝国但最终沦为英国、法国、荷兰和美国控制的地区。②

在美国，从拉丁美洲研究中心的名称多样化就可看出围绕着该区域的界限和范围的困惑。一些机构简单地被称作拉丁美洲研究中

---

① José Moya, "Introduction," in José Moya, ed., *The Oxford Handbook of Latin American History* (New York: Oxford University Press, 2010), p. 18.

② 关于对世界各地区"发明"的富有吸引力的分析，参见 Martin W. Lewis and Kären E. Wigen, *The Myth of Continents: A Critique of Metageography* (Berkeley: University of California Press, 1997), esp. pp. 162–182. 美国教育部将拉丁美洲研究界定为"专注于加拿大和美国之外的北美和南美大陆上一个或多个西班牙美洲民族的历史、社会、政治、文化和经济的项目，包括对前哥伦布时期和从其他社会而来的移民流入的研究"。(http://nces.ed.gov/ipeds/cipcode/cipdetail.aspx?y=55&cipid=88024)

第一章 什么是拉丁美洲

心或研究所。另一些被称为伊比利亚美洲研究中心或拉丁美洲和加勒比研究中心，甚或拉丁裔和拉丁美洲研究中心（Centers for Latino and Latin American Studies），将在美国的拉丁美洲遗产也包含在研究范围以内。有时，一些中心的研究范围足够广泛，成为（作为一个整体的）美洲研究中心或跨大西洋（拉丁美洲和伊比利亚研究）中心。按照法律要求，那十五个左右得到政府资助的"国家资源中心"（不管其名称如何）只能把资金花在"拉丁美洲"项目上，也就是说，不能用于研究在美国的拉丁美洲人以及他们在美国的后裔上面，也不能用于研究说英语或法语的加勒比地区。美国政府很具体地将该地区界定为美国以南讲西班牙语的民族国家（由此排除了波多黎各）、巴西和海地。

　　在美国，政府资助和影响框定了拉丁美洲这一术语的运用和界定，具有讽刺意味的是，美国的巨大力量和存在，助推了该地区人民的团结意识，使其将自身看作拉丁美洲人。冷战期间，墨西哥人、智利人、巴西人等愈加自称为拉丁美洲人（latinoamericanos），作为将自身与北方帝国主义力量相区分的方式。正如19世纪的盎格鲁－撒克逊人那样，在二战后的斗争中，拉丁美洲人通常将美国公民称为北美人（norteamericanos），这是又一个用词不当，因为严格按照事实而言，这一术语应包括加拿大人和墨西哥人。虽然美国公民在英语中喜欢自称 Americans，但是这一术语实际上包括了从加拿大的北极地区到火地岛的每一个人。可以理解，很多拉丁美洲人拒绝使用这一术语，转而使用北美人（norteamericanos）指代美国人，致使标识这两大人口集团的专门术语都站不住脚。

该地区最初使用这一术语的机构之一是1948年由联合国成立、位于智利圣地亚哥的拉丁美洲经济委员会（Comisión Económica para América Latina, CEPAL; Economic Commission for Latin American, ECLA）。其主要任务是促进经济合作，特别是收集和分析拉丁美洲的经济数据。20世纪80年代，其名称中加上了加勒比（成为ECLAC和CEPALC）。按其统计，存在二十个拉丁美洲国家（十八个西班牙语国家，另加巴西和海地）。几十年来，其他地区性组织也采纳了这一术语，如20世纪50年代，为促进该地区社会科学的教学和影响，由联合国教科文组织创立的拉丁美洲社会科学学院（Facultad Latinoamericana de Ciencias Sociales, FLASCO; Latin Amercan Social Science Faculty）。与美国或欧洲不同，拉美国家很少成立强有力的、持久的拉美研究中心，同样也很少成立美国研究中心。

20世纪60年代，伴随着拉美研究的繁荣，在欧洲和美国，新的专业化组织开始成型，并采纳了这一术语，强化了其在语汇上的支配地位。1965年，美国学者成立了拉丁美洲研究学会（Latin American Studies Association, LASA），拥有自己的杂志《拉丁美洲研究评论》（*Latin American Research Review*）。最初该组织主要是一个美国的学术团体，但在过去20年间，它成为一个真正的国际组织，拥有1.2万名会员，其中三分之二居住在美国以外。同样，1964年，英国也成立了拉丁美洲研究协会（Society for Latin American Studies），拥有自己的杂志《拉丁美洲研究简报》（*Bulletin of Latin*

第一章 什么是拉丁美洲

American Research）。到70年代，在美国、欧洲和拉丁美洲，院校的和专业的协会、中心和部门皆无法抗拒地采纳了"拉丁美洲"这一术语。

对于拉丁美洲这一术语的批评最早源于20世纪初。20世纪20年代和30年代，在原住民和非洲裔人口占多数的地区，知识分子就谈论印第安美洲（Indo America）或非洲美洲（Afro America）。在墨西哥和巴西——该地区两个最大的国家（占一半人口），知识分子们有意识地拒绝19世纪占支配地位的欧洲中心观，开始强调墨西哥人和巴西人种族、文化的混血遗产。他们认为，除了欧洲（或拉丁）遗产外，非洲人和土著美洲人对民族文化也同样做出了贡献。尽管存在这些批评，但这些知识分子中的大多数本身主要还是欧洲裔，他们也很少抛弃拉丁美洲这个日益尴尬的术语。

过去三十多年间，在美国和欧洲的学术界，对这一术语系统化的批评进一步成型。这一讨论大多集中在该术语如何在19世纪出现于欧洲化的精英之中，以及美国的安全和国防部门的推动性角色。沃尔特·米格诺洛，一位在杜克大学任教多年的阿根廷文化理论家，就是最早的、最直言不讳的批评者之一，他坚持，这一术语是错误的，而且实际上，拉丁美洲甚至并不存在。① 一股强有力的身份政治的浪潮在美洲的出现，解构了拉美人身份的观念，民族身份也被质疑。面对美国的文化帝国主义，在美洲，尽管是在各种各样的

---

① Walter D. Mignolo, *The Idea of Latin America* (Malden, MA: Blackwell, 2005).

集团中间,增强团结的要求频繁出现,但是这些集团强调身份的多样性(特别是在族群、种族方面),刻意淡化国家的、拉丁美洲的身份。过去三十年中关于身份深入讨论的结果是将我们引入了一个困境。今天,很少有人站出来捍卫在美洲(America)前面加上修饰语拉丁(Latin)的怡当性,但是,也没人提出另外一个具有吸引力的术语来指代这一地区。当下,我们继续使用这一不恰当的术语,尽管意识到其局限性,但没有其他更加可以接受的名称。

使得难题更加复杂化的是,应该将谁包括在这个我们难以确切命名的地区中,对这个看上去简单的问题,也难以达成共识。简单地查看一下20世纪主要的英语拉美史教科书,很快就可以发现这一概念的范围。在美国,整个20世纪前半叶的拉美教科书简单地采取政治方式,将拉丁美洲界定为在19世纪摆脱西班牙(18个国家)、葡萄牙(巴西)、法国(海地)赢得独立的20个共和国。(当然,巴拿马在这里是一个反常的例外,它在19世纪20年代作为新格拉纳达的一部分,1903年又作为"独立共和国"赢得独立。古巴到1898年才脱离西班牙帝国,后又经历了美国的占领,直到1902年。)从拉美历史领域奠基者(如威廉·斯宾塞·罗伯逊和珀西·阿尔文·马丁,《西班牙美洲历史评论》的创始人)最早的文稿到记者休伯特·赫林的《拉丁美洲史》(1955、1961、1968),这是一个标准的方式。这些著作几乎总是关注外交史、政治史、军事史,偶尔谈及社会和文化史。即使是著名的记者约翰·冈瑟,在他大范围的旅行中,也没有费心去观察这标准的 20 个共和国以外的地区。①

一些最初的研究该地区的综合性文本仅仅关注西班牙美洲，没有进一步超出殖民地时期。查尔斯·爱德华·查普曼的《殖民地时期的西班牙美洲：一部历史》（1933）论述的范围包括了巴西，他抛弃了"不正确的术语'拉丁美洲'"，主张使用"西班牙美洲"（Hispanic America）。20 世纪 40、50 年代主要的综合性文本将 20 个独立的共和国作为其考察范围。德纳·G. 孟罗、J. 弗雷德·里庇、唐纳德·E. 伍塞斯特和温德尔·G. 谢弗都写出了百科全书式的通论。孟罗（一名前国务院外交官）的著作仅用 100 多页涵盖殖民地时期，然后用了另外 450 页讲述 20 个国家各自的政治史！与哈林很相似，里庇的著作集中在政治和经济，但偶尔也有部分谈及"智识生活"。伍塞斯特和谢弗的大部头通论（超过 900 页）提供了非常直截了当的政治史，很少费力去建构框架或探讨整体的区域。这本书属于经典的路子，将历史呈现为"一件接一件讨厌的事"。这一时期最伟大而成功的出版物无疑是约翰·A. 克罗的《拉丁美洲史诗》，初版于 1946 年。作为受过西班牙语文学训练的学者，克罗在加利福尼亚大学洛杉矶分校（UCLA）从教几十年（1937—1974）。尽管部头庞大（最后一版

---

① William Spence Robertson, *Rise of the Spanish-American Republics as Told in the Lives of Their Liberators* (New York: D. Appleton & Co., 1921); Herman G. James and Percy A. Martin, *The Republics of Latin America: Their History, Governments and Economic Conditions* (New York: Harper & Brothers, 1923); Hubert Herring, *A History of Latin America from the Beginnings to the Present* (3rd edn, New York: Knopf, 1968); John Gunther, *Inside Latin America* (New York: Harper & Brothers, 1941).

几乎一千页),《拉丁美洲史诗》在商业上取得了巨大成功,在50年内出了四版(1946、1971、1980、1992)。①

20世纪60、70和80年代加勒比地区(此处包括圭亚那)的非殖民化给传统的画面蒙上了阴影,这在70年代后出版的教科书中能够很容易地看出来。E. 布拉德福德·伯恩斯的《拉丁美洲:一部简明史》是销路最好的著作之一。在第一版(1972)中,伯恩斯将"传统上的20个国家"作为主题,其中谈到"该地区在地理上包括18个讲西班牙语的共和国、讲法语的海地和讲葡萄牙语的巴西",但是他的统计表格中,包括了巴巴多斯、圭亚那、牙买加以及特立尼达和多巴哥。到第六版(1994)时,这一定义转而包括"5个讲英语的加勒比国家"(巴哈马和上述4个国家)。虽然本书的标题如上,但其统计表格涵盖了"拉丁美洲和加勒比地区"。②

本杰明·基恩的《拉丁美洲史》可能是20世纪最后四分之一世纪中销路最好的拉美通史,内容涵盖了"20个拉美共和国"。约翰·查斯蒂恩的《诞生于血与火中》是最近非常受欢迎的独立以来

---

① Dana Gardner Munro, *The Latin American Republics: A History* (New York: Appleton-Century-Crofts, 1942); J. Fred Rippy, *Latin America: A Modern History* (Ann Arbor: University of Michigan Press, 1958); Edward Gaylord Bourne, *Spain in America, 1450–1580* (New York: Harper & Brothers, 1904); Charles Edward Chapman, *Colonial Hispanic America: A History* (New York: Macmillan, 1933); John A. Crow, *The Epic of Latin America* (4th edn, Berkeley: University of California Press, 1992 [originally pubd by Doubleday (1946)]; Donald E. Worcester and Wendell G. Schaeffer, *The Growth and Culture of Latin America* (New York: Oxford University Press, 1956).

② E. Bradford Burns, *Latin America: A Concise Interpretive History* (6th edn, Englewood Cliffs, NJ: Prentice-Hall, 1994).

第一章 什么是拉丁美洲

的拉美史,同样聚焦于20个民族国家。托马斯·斯基德莫尔和彼得·史密斯合著的《现代拉丁美洲》肯定是被最广泛使用的殖民地时期以后的拉美史著作,该书在导言中回避了棘手的定义问题。但是第一版(1984)包括叙述阿根廷、智利、巴西、秘鲁、墨西哥、古巴、中美洲(危地马拉、萨尔瓦多、洪都拉斯、尼加拉瓜、哥斯达黎加和巴拿马)的各章。第二版(1989)中,斯基德莫尔和史密斯增加了一章,叙述包括牙买加、波多黎各和小安的列斯群岛的加勒比地区,但是他们没有提出选择叙述的国家的标准。相比之下,埃德温·威廉姆森的《企鹅拉丁美洲史》(1992)和劳伦斯·克莱顿、迈克尔·康尼夫的《拉丁美洲现代史》(1999)则遵循传统的政治界定。①

影响巨大的权威作品《剑桥拉丁美洲史》(11卷,1984—2009)认为,拉丁美洲

> 主要包括美国以南讲西班牙语和葡萄牙语的美洲大陆地区——墨西哥、中美洲和南美洲,讲西班牙语的加勒比地

---

① 基恩的著作初版于1980年, *A Short History of Latin America* (Boston: Houghton Mifflin), 与 Mark Wasserman 合著。在1992年的第四版中, Wasserman 从书名页消失。第六和第七版 *A History of Latin America* (2000 and 2004) 与 Keith Haynes 合著。John Charles Chasteen, *Born in Blood and Fire: A Concise History of Latin America* (New York: W. W. Norton, 2001); Lawrence A. Clayton and Michael L. Conniff, *A History of Modern Latin America* (Fort Worth: Harcourt Brace, 1999); Thomas E. Skidmore and Peter H. Smith, *Modern Latin America* (2nd edn, New York: Oxford University Press, 1989); Edwin Williamson, *The Penguin History of Latin America* (London: Penguin, 1992).

区——古巴、波多黎各和多米尼加共和国,以及按照惯例——海地。(19世纪上半期先由西班牙、后由墨西哥通过条约和战争划归给美国的大片位于北美洲的领土多半被排除在外。英国、法国、荷兰在加勒比海的岛屿,以及圭亚那也不被包括在内,尽管例如牙买加和特立尼达早期曾被西班牙占领……)[①]

除去包括波多黎各以外,这一界定显然来自1942年孟罗的著作!

所有这些界定都取决于对在美洲的各国某种共同的历史经历的分析,这种经历部分地使它们不仅不同于美国,而且被称为拉丁美洲。除了知名的传统主义者外——他们使用独立的民族国家——很少有拉美史作者提出一个明确的理由说明他们的文本所包含的区域。然而,问题的核心在于一种观念,即将这些人民和国家凝为一体的是一种共同的历史,与此同时,这种历史是美国(或加拿大)的人民未曾经历的。

这种共同历史的核心是始于1492年"哥伦布时刻"的、长达三个世纪的入侵、征服和殖民主义的进程。三大种族——土著美洲人、欧洲人和非洲人——的碰撞创生了我们今天称为拉丁美洲的地区。孕育的时刻是1492年10月哥伦布和他的船队抵达的那个温暖的加勒比早晨。哥伦布无意间将两大世界、三大种族汇合在一起,开启了一个暴力性的,但又富有成果的文化与生物的冲突进程,持

[①] Leslie Bethell, ed., *The Cambridge History of Latin America*, Vol. I: *Colonial Latin America* (Cambridge: Cambridge University Press, 1984), p. xiv.

第一章 什么是拉丁美洲

续几个世纪之久。1492年前,美洲(新世界)土著、非洲和欧洲(旧世界)人民的历史是在相互隔离的情况下发展的。拉丁美洲的历史始于欧洲人的探险和入侵,以及几百万被奴役的非洲人被迫向美洲移民。这些征服和碰撞是在西班牙和葡萄牙的殖民主义和帝国主义之下发生的。美国和加拿大(以及加勒比岛屿)的历史同样被入侵、征服和殖民主义所决定。我们今天称为拉丁美洲的地区具有共同历史的论断是基于以下信念,即西班牙和葡萄牙的殖民主义足够相似,以至于可将巴西和西班牙美洲看作一个地区,而又与英国殖民主义足够不同,以至于将它们与美国和加拿大(以及非伊比利亚的加勒比地区)区分开来。如果有人能够撰写拉丁美洲的共同历史,并为之声辩,其基础在于那种殖民遗产,即伊比利亚君主国将土著美洲人和非洲人作为劳动力加以奴役,为欧洲人和欧裔美洲人的地主和商业精英生产农业和矿业财富。

在大约过去一代人时间内跨国研究的兴起,以及从墨西哥、中美洲和加勒比地区向美国移民的重要性日增,使得由民族国家界定拉丁美洲的旧模式变得不太可行、难以继续。在撰写和讲授拉丁美洲历史时,拉美史学者应如何处理美国的西半部和东南部地区?直到19世纪初,它们还是拉丁美洲的一部分,之后就不是了?又该如何对待曾在一个或两个世纪内作为西班牙帝国的一部分,在17、18世纪被英国、荷兰和法国夺取的加勒比岛屿?甚至更为复杂的,波多黎各怎么办?根据各项标准(历史、语言、文化),波多黎各都属于拉丁美洲,然而在政治上,它又是美国的一部分(唯一的"自由邦"）。过去 50 年，随着当前政治边界以南的几百万移民涌入美国，边界两侧长期以来的文化和历史联系得以加强。例如，萨尔瓦多人的第二大人口中心在洛杉矶。墨西哥移民在几个主要的美国城市的集中，使其中一些成为最大的墨西哥城市，但是不在墨西哥境内。简言之，以政治的、民族国家的角度来界定拉丁美洲，排除了在文化上和语言上属于拉丁美洲的很大一部分北美洲地区。

19 世纪初获得独立以来，该地区的历史愈发多样化、分异化。随着每个民族国家、地区和毗邻区域走上自己的历史道路，它们各自被重塑、转型，日益抛弃了它们共同的历史遗产。在与欧洲中心分离两个世纪之后，那个共同经历的被征服、殖民和被伊比利亚控制的过往，渐渐成为过去。例如，危地马拉与阿根廷和巴西等国的相似性越来越少。古巴和玻利维亚变得日益不同，与它们共同的历史渐行渐远。总之，即使我们能断言（我相信我们能够），使得拉丁美洲成为一个统一地区的是几个世纪的共同历史，那么在殖民地过往年代铸就的共同遗产对其当下境况的影响也愈发边缘化。在过去两个世纪中，曾界定该地区的文化、经济、政治进程和模式变得日益分离。到 2092 年，争议十足、引发变迁的哥伦布航行将满六百周年，届时我们可能发现很难将拉丁美洲界定为世界上一个统一的区域。无论是使用拉丁美洲，还是我们最终可能创造的其他名称。

第二章

先驱的世代

历史与殖民主义

克里斯托弗·哥伦布本人誉谤满身,而他的"日记"则构成了对1492年以降新旧世界文化碰撞的最早记录。哥伦布跨大西洋航行的壮举耗时长达七个月,在此期间他坚持每天撰写航海日志。虽然日志的原文已经散佚,但多明我会神父、征服时代的编年史家巴托洛梅·德·拉斯卡萨斯在16世纪中期写就的《西印度史》对这部文献做了转抄和概述。[①] 就我们现在称为"拉丁美洲"的这片地区而言,最早的历史叙事来自殖民地的官员(特别是像拉斯卡萨斯这样的神父)、征服者(比如哥伦布和科尔特斯)以及(更为少见地)来源于原住民族(尤其在墨西哥和中美洲)。西班牙和葡萄牙的征服促生了一系列历史著作,其作者通常是那些急于在君主和

[①] Bartolomé de las Casas, *Historia de las Indias*, 3 vols, 该书在1527—1561年间撰写问世。虽然有许多西班牙文版本流传,但是全书从未被译成英文。

王室官员面前邀功的征服者。西班牙人和美洲原住民都对墨西哥和中美洲的征服留下了详实和丰富的记述。埃尔南·科尔特斯写给神圣罗马帝国皇帝查理五世的信,以及阿兹特克人视角下的征服,就是一些生动的例证,最早记述了我们称为拉丁美洲的这一地区的诞生。[1]

纵贯整个殖民时期(大体上从15世纪90年代到19世纪20年代),上述历史记载有的印刷面世,有的则深藏于档案室和图书馆,直到后世才重见天日。西班牙语和葡萄牙语的记载通常把本地区称为"西印度""新世界"或者"美洲"。有时,人们也会使用"西班牙美洲"或"葡萄牙美洲"的称谓。虽然早在16世纪中期西班牙就在圣多明各、墨西哥城与利马建立了大学,但这些大学主要由法学、医药和工程学等学科院系组成。在巴西,葡萄牙国王甚至直到19世纪初才创立上述学科!设置历史系的现代文理学院直到20世纪才在该地区的大部出现。在美国和欧洲,19世纪晚期才有大学体制内部的历史学者出版有关拉丁美洲历史的书籍。

19世纪的学科起源

在19世纪晚期第一批职业的学院派历史学者涌现之前,一些以自己的财富和方法独立开展研究的美国、欧洲和拉美人——"绅士

---

[1] Hernán Cortés: *Letters from Mexico*, trans. and ed. Anthony Pagden (New Haven, CT: Yale University Press, 1986); Miguel León-Portilla, ed., *The Broken Spears: The Aztec Account of the Conquest of Mexico* (Boston: Beacon Press, 1962).

第二章　先驱的世代

学者"们——创作了最早的拉美史严肃学术研究的成果。19世纪上半叶，浪漫主义主导了大西洋两岸的精英文化和历史书写，而实证主义在该世纪下半叶扮演了类似的角色。浪漫主义强调自然力量、英雄个人，以及所谓的"民族精神"（德文 Zeitgeist）①。实证主义则尊崇科学方法，由此导向重视事实、文献和"如实直书"的精神（wie es eigentlich gewesen，德国史学家兰克的名言）。华盛顿·欧文（Washington Irving，1783—1859）曾在美国驻西班牙外交使团任职，这促使他写就了极负盛名的《克里斯托弗·哥伦布的人生与航海史》（*A History of the Lipe and Voyages of Christopher Columbus*，1828）。19世纪最出色的拉美史著作大概是威廉·希克林·普雷斯科特的《墨西哥征服史》（William Hickling Prescott，*History of the Conquest of Mexico*，1843），这是目前仍在出版的一部史诗性叙事作品。尽管欧文和普雷斯科特（1796—1859）都敬佩哥伦布与科尔特斯的英雄伟业，并将后两人视作与"野蛮"的美洲土著民族相对抗的"文明"力量，但他们的著作同时也带有盎格鲁美洲新教徒的强烈偏见。本杰明·基恩观察到，他们"将西班牙人视为一个拥有浪漫历史，却仍然受到教会统治的落后民族"。②

19世纪下半叶，以欧文和普雷斯科特为代表的浪漫主义让位给实证主义和社会进化论，后者的信徒们往往是在拥有了成功的商界

---

① 原文如此。——译者注

② Benjamin Keen, "Main Currents in United States Writings on Colonial Spanish America, 1884–1984," *Hispanic American Historical Review*, 65/4 (1985): 657–682, at p. 658.

生涯之后才对拉美史产生兴趣的学者。受达尔文自然界进化论的影响,像赫伯特·斯宾塞(Herbert Spencer,1820—1903)这样的知识分子推论道,所有的民族和社会都是在进化的,更加"复杂"的社会不仅更为"高级",在道德上也更为优越。刘易斯·亨利·摩根(Lewis Henry Morgan,1818—1881)和他的学生阿道夫·班德利尔(Adolph Bandelier,1840—1914)以其对美洲原住民社会的研究,成为现代人类学的奠基人。班德利尔对中部美洲各社会,特别是阿兹特克社会的研究工作堪称不朽。他们二人都认为,就算是中部美洲(Mesoamerica)高度复杂的原住民文化都是野蛮的,在人类社会演进的阶梯上处于"低位"。畅销书作家查尔斯·F. 拉米斯(Charles F. Lummis,1859—1928)的著作《西班牙开拓者》(*The Spanish Pioneers*,1893)让班德利尔的作品和观点更广为人知。该书到1917年共出版了7个版本。

这一时期美国最重要的拉美史学家或许是休伯特·豪·班克罗夫特(Hubert Howe Bancroft,1832—1918),他花费个人的财富逐渐积累起海量关于美国西部、墨西哥和中美洲的藏书与档案(他的收藏构成了加州大学伯克利分校拉丁美洲图书馆的基础,直到今天该馆还以其名字命名)。班克罗夫特利用助研小组复制、购买文献,他的"工厂系统"开足马力,在1874年至1890年间陆续生产完成巨著《太平洋沿岸国家史》(该书前六卷叙述了"土著民族"的历史,随后三卷是中美洲,最后六卷则是墨西哥)。

在英国,爱丁堡大学校长、苏格兰牧师威廉·罗伯逊(William

第二章 先驱的世代

Robertson,1721—1793)写出了一本大部头的《美洲史》(*History of America*,1777)。尽管该书的标题囊括整个美洲,但全书三卷仅概述了西班牙美洲的历史,而且与普雷斯科特和班克罗夫特一样,罗伯逊的写作也带有对土著民族和天主教的高高在上之感。英国浪漫主义诗人罗伯特·骚塞(Robert Southey,1774—1843)对葡萄牙及其帝国心驰神往,挥毫写下三卷本的《巴西史》(*History of Brazil*,1810—1819)。在英国,写作拉美史的学术历史学家迟至20世纪才涌现,甚至比美国还要晚。而西班牙和葡萄牙历史学者的关注重点自然落在帝国上,美洲殖民地构成了更广阔图景的一个部分。

独立战争占据了19世纪10年代到20年代的大部分时间,新建立的国家需要制造它们自己的仪式、符号与神话,用本尼迪克特·安德森的话来说,就是构建它们自己的"想象的共同体"。一些为新的民族国家撰写历史的知识分子同时也是杰出的政治人物。如两位政界要人,墨西哥的卢卡斯·阿拉曼(Lucas Alamán,1792—1853)和阿根廷的巴托洛梅·米特雷(Bartolomé Mitre,1821—1906),都提笔写下了影响后世数代人的经典历史著作。和美国情况类似,浪漫主义决定了1870年前拉丁美洲的历史写作。在随后的几十年里,法国和德国的影响持续,学界重视文献的收集和研究,因而创作出愈发复杂成熟的作品。突出的例子如下:在墨西哥,有华金·加西亚·伊卡斯瓦尔塞塔的《16世纪墨西哥书志》(Joaquín García Ioazbalceta,*Bibliografía mexicana del siglo XVI*,1886)和比森特·里瓦·帕拉西奥的《墨西哥三千年》（Vicente Riva Palacio, *Mérico a través de los siglos*，五卷本，1885—1889）；智利有迭戈·巴罗斯·阿拉纳的《智利通史》（Deigo Barros Arana, *Historia general de Chile*，十六卷本，1884—1902）；玻利维亚有加布里埃尔·雷内·莫雷诺的《殖民末期的上秘鲁》（Gabriel René Moreno, *Últimos días coloniales en el Alto Perú*，1896）；秘鲁有塞巴斯蒂安·洛伦特的《秘鲁文明史》（Sebastián Lorente, *Historia de la civilización peruana*，1879）。

整个19世纪，绅士学者们建立了一系列的研究机构和学会，为他们的研究、写作和交流提供支持。国家科学院或者历史学会（通常兼而涉猎地理）早在19世纪30年代就逐渐显露雏形，但是大多数直到该世纪晚期才真正组建成型。与此同时，新生国家组织建立（同时改组整顿）国家和省级的档案馆，出版文献汇编，特别注意编撰同独立斗争或者新兴民族国家在殖民时期的历史基础相关的文献。几乎所有这些举措都在致力于打造一种历史叙事及文献支撑，用以论证国家存在的正当性，有时还包括其必然性。墨西哥人迅速把自己的阿兹特克过往视为一个古典年代，欧洲人三个世纪的统治将其加以改造，而如今国家获得独立和主权则引导它走向成熟。巴西人（以及其他国家的人）同样转向自己的土著遗产，将其视为国家创建的中心内容，同时亦指出比利亚殖民者的指导作用。虽然美洲大部分地区的原住民被征服，被杀戮，被赶出故土，但在许多19世纪的拉美国家，这些"高贵的野蛮人"摇身一变，成为一个强有

第二章 先驱的世代

力的民族认同象征。①

职业化：学术共同体（在三大洲）的出现

19 世纪 80 年代，职业史学界开始在美国出现，这主要受到德国大学和学者的影响。在 19 世纪末 20 世纪初，兰克的历史观——收集和整理档案、"如实直书"地重述历史、以研讨班的形式训练研究生、创作学术专著——越来越定义着历史职业。史学职业化的一个重要标志是 1884 年美国历史学会的创立。伯纳德·摩西（1846—1930）和爱德华·盖洛德·伯恩（1860—1908）是美国第一批研究拉美的学术历史学家。在本杰明·基恩看来，摩西是"美国第一个拉美史教授，也是写出具备现代形态的拉美殖民史研究专著的第一人"。② 摩西在德国接受培养，19 世纪 90 年代至 20 世纪 20 年代在加州大学伯克利分校任教，在此期间写了一系列著作。伯恩在耶鲁大学任教，出版了颇有影响的《西班牙在美洲》（1904）。摩西和伯恩的作品都受到同时代社会达尔文主义和殖民主义的深刻影响。基于普雷斯科特和班克罗夫特的研究，他们也认为天主教和种族混血是拉丁美洲"落后性"的关键原因。和他们的前辈一样，摩西和伯恩也大体认为西班牙的殖民事业有益于拉丁美洲，为新世界带来了文明。他们在进行历史写作时，经常将 1898 年后美国的殖民扩张与西

---

① 参见 Rebecca Earle, *The Return of the Native: Indians and Myth-Making in Spanish America, 1810–1930* (Durham, NC: Duke University Press, 2007)。

② Keen, "Main Currents," p. 660.

班牙帝国的历史经验进行对比,并且都对菲律宾抱有明显兴趣(菲律宾是另一个不久前被美国夺得的前西班牙殖民地)。①

伯恩和其他许多学者都属于修正派,他们有意地试图拒绝或排斥19世纪人们对所谓"黑色传奇"的强调。自16世纪开始,英国和荷兰的新教徒就开始传播西班牙人的这一负面形象,如称西班牙在当时凶残暴戾的征服过程中系统地灭绝了美洲的原住民人口。加州大学伯克利分校的学者莱斯利·伯德·辛普森的著作《新西班牙的委托监护制》(Lesley Byrd Simpson, *The Encomienda in New Spain*, 1929)是修正派最有影响力的学术成果之一。基恩敏锐地指出,辛普森和修正派的其他成员采取了"一种回避道德判断的相对主义态度(尽管并非总是这样),一种讲求实际的、'排斥情感'的方式,认为殖民征服和剥削尽管不幸,却是不可避免的生活现实,倾向于从西班牙人而非印第安人的立场评估西班牙的殖民政策"。这些学者缺乏人类学的分析视角。② 修正派的研究方法一直存续到20世纪50年代以后。

殖民史研究以外,外交史和政治史也在20世纪40年代以前的拉美史领域占据主要地位。美国作为世界强权的崛起,尤其是1898

---

① Bernard Moses, *The Spanish Dependencies in South America: An Introduction to the History of Their Civilization* (New York: Harper & Brothers, 1914), *The Establishment of Spanish Rule in South America: An Introduction to the History and Politics of Spanish America* (New York: G. P. Putnam's Sons, 1898); and Edward Gaylord Bourne, *Spain in America, 1450–1580* (New York: Harper & Brothers, 1904).

② Keen, "Main Currents," p. 664.

第二章 先驱的世代

年后在加勒比海区域的扩张，与美国国内拉美史研究的职业化并行发展、相互交织。威廉·斯宾塞·罗伯逊、德克斯特·珀金斯和亚瑟·P. 惠特克是写作美国－拉丁美洲关系史的先驱。在一战结束后的若干年里，很多这类的外交史成果衍生自一种"自由国际主义"的视角，强调美国作为"泛美"运动的领袖需要在拉美地区维持强有力的监护性存在。①

拉美史研究领域不断职业化的一个标志是一战期间《西班牙美洲历史评论》的创刊。在1916年布宜诺斯艾利斯的一次会议上，当时任教于加州大学伯克利分校的查尔斯·E. 查普曼和伊利诺伊大学的威廉·斯宾塞·罗伯逊设想创办一份独立的拉丁美洲历史期刊。在接下来的两年里，他们向学界同行和企业界寻求资金和协助，随后于1918年开始发行《西班牙美洲历史评论》（资金问题迫使该刊于1922—1926年间暂时停刊）。该刊早期的发行量在五百份左右徘徊。在美国，《西班牙美洲历史评论》至今仍然是拉美史领域最负盛名的期刊。

到20年代中期，一些历史学者开始在美国历史学会的年会期间组织内部的午餐会和学术研讨，他们自称为"西班牙美洲历史小组"。1928年，他们创建了"西班牙美洲历史协会"。在1937年于费城举

---

① William Spence Robertson, *Hispanic American Relations with the United States*, ed. David Kinley (New York: Oxford University Press, 1928); Dexter Perkins, *The Monroe Doctrine, 1826–1867* (Baltimore: Johns Hopkins University Press, 1933); Arthur P. Whitaker, *The United States and the Independence of Latin America, 1800–1830* (New York: Russell & Russell, 1941).

办的美国历史学会年会上,该组织正式调整重组为"拉丁美洲史协会"(英文名称中的"拉丁美洲"原有连字符,后被删去)。随着学术同行群体不断扩充,查普曼和罗伯逊成为关键人物。30年代,在社会科学研究理事会的协助下,来自不同学科背景的学者创办了《拉丁美洲研究手册》(*Handbook of Latin American Studies*)。在八十年后的今天,《手册》对研究者来说仍然是核心的文献索引工具之一。

在拉丁美洲,由于幅员辽阔、成分多样,职业化的历史学术的产生情况要更加复杂、多元。在诸如阿根廷和智利这样的国家,大学在19世纪到20世纪迅速发展,任职于学术机构的历史学者出现得比巴西和中美洲等地要早。在墨西哥,波菲里奥·迪亚斯的统治(1876—1911)和随后爆发的墨西哥革命(1910—1920)刺激了史学创作。波菲里奥执政时期,许多历史著作为统治者的国家建设方案辩护。而在革命后的时代,新政权的建立及其对文化机构的有力支持锻造了新的墨西哥国家构想,它重视原住民的过去和种族混血(西班牙文 mestizaje),将二者作为墨西哥国家历史和民族身份的决定性特征。智利、阿根廷、墨西哥等国史学界和史学研究之所以在第二次世界大战之前能够实现职业化,对文化教育事业的投资起了至关重要的作用。而在巴西,大学的发展起步较晚(始于20世纪30—40年代),使得直到20世纪中期史学研究还是文人和作家的天下。20世纪早期巴西的重要史学著作均由独立知识分子撰写:欧克利德斯·达库尼亚的《腹地》(Euclides da Cunha, *Os sertões*, 1902)、吉尔贝托·弗莱雷的《主人与奴隶》(Gilberto Freyre, *Casa grande e senzala*，1933）、塞尔吉奥·布阿尔克·德奥兰达的《巴西之根》（Sérgio Buarque de Holanda，*Raízes do Brasil*，1936）、小卡约·普拉多的《现代巴西的殖民地背景》（Caio Prado Júnior，*Formação do Brasil contemporâneo*，1942）。

在美国，拉美史领域的专业化部分归功于一批充满活力而又高产的学者，其著作受到整个史学界的关注，而他们培养的学生则星散到全美各地的大学，继续教授拉丁美洲史。两位人物值得单独介绍。克拉伦斯·H.哈林（Clarence H. Haring，1885—1960）是罗德学者和哈佛大学博士（1916），就读研究生期间就在哈佛教授拉美史。哈林早期的著作聚焦于贸易、航海和海盗活动，20世纪20年代早期他将目光转向拉美。哈林所著《西班牙帝国在美洲》（*The Spanish Empire in America*，1947）是拉美史大繁荣年代来临之前的经典研究范例，以政治、制度，以及塞维利亚所藏档案为研究中心。哈林曾任教于耶鲁大学（1916—1923），随后回到哈佛（1923—1953），直到1960年去世之前一直活跃于学术圈。而另一位卓越的专业开拓者是赫伯特·尤金·博尔顿（Herbert Eugene Bolton，1870—1953）。

在美国的拉美史领域，没有人能像博尔顿那样不容忽视。同许多早期的研究拉美的学院派历史学者一样，博尔顿在研究生期间并未聚焦拉丁美洲的历史。他在宾夕法尼亚大学接受训练（1899年获博士学位），1901年赴得克萨斯大学教授中世纪史和欧洲史。随即，出于对天主教神父和传教士的学术兴趣，博尔顿被西班牙在得克萨斯的殖民活动这一课题所吸引。1902年，他首次前往墨西哥的档案馆进行探索。此后他多次前往墨西哥，最终促成《墨西哥主要档案馆内现存美国史史料指南》(*Guide to Materials for the History of the United States in the Principal Archives of Mexico*，1913)的出版。

早年在得克萨斯的经历使博尔顿坚定地转向对"边疆地带"(borderlands)历史的研究，所谓的"边疆地带"，即曾为西班牙帝国北美属地的美国领土，主要包括美国西南与东南部各州。博尔顿自己以及他许多门生的学术生涯都横跨美国史与拉美史这两个曾经截然不同的领域。博尔顿治史的方法是典型的档案研究，紧紧地同文献及其解释相绑定。他主要是在19世纪的英雄主义和浪漫主义传统下创作叙事史，讲述探险家、传教士和征服者的故事，而对美洲原住民文化缺乏直接兴趣。博尔顿是一个西班牙崇尚者(hispanophile)，与普雷斯科特和班克罗夫特一脉相承。

1909年博尔顿转至斯坦福大学，又于1911年前往加州大学伯克利分校任教，此后他便开启了自己硕果累累的职业生涯，不仅著作等身，而且桃李遍地。1914年至1944年间，博尔顿指导了100多篇博士论文。自20世纪20年代到该世纪末，不少活跃在拉美史领域内的权威学者都是他的学生（列举几位如下：查尔斯·E.查普曼、赫伯特·I.普里斯特利［Herbert I. Priestley］、查尔斯·W.哈克特［Charles W. Hackett］、J.弗雷德·里庇［J. Fred Rippy］、约翰·劳埃德·米查姆［John Lloyd Mecham］、约翰·泰特·兰宁［John Tate Lanning］、欧文·A.莱昂纳德［Irving A. Leonard］、伍德罗·博拉［Woodrow Borah］，以及威廉·J.格里菲思［William J. Griffith］）。

第二章 先驱的世代

50年代,博尔顿去世以后,加州大学伯克利分校的三位拉美史学者均为他的学生。不过,"博尔顿门生"的黄金时代是20年代到60年代,此时他的学生遍布全美各地,不断开创边疆史(通常偏重美国一侧)和拉美史的新研究课题。

1932年,美国历史学会年会在多伦多举办,博尔顿在会上做主席演讲。他对拉美史领域最著名的——同时也是最具争议的——学术贡献,借此得到明确的表达。博尔顿倡议,不再将美国史、加拿大史和拉美史作为三个分立、自洽的研究领域。与之相反,他强调共同的"美洲史"(History of Americas)——欧洲强权的殖民、殖民剥削、独立战争与跨大西洋移民。作为对这一设想的实践,博尔顿在加州大学伯克利分校长期开设一门体量巨大的"美洲史"课程,并在授课中将这个"泛美洲的史诗"呈现为一个或一组单向的进程。博尔顿重视使用外国档案进行研究,强调更宏大的共同历史进程,这是他对美国的拉美史领域发展的主要贡献。他培养出了数代历史学者,对20世纪美国的拉美史研究的扩展和职业化做的贡献比其他任何人都要多。然而,随着时间的推移,极少再有人响应他研究整个美洲历史的号召。他大多数的学生和他学生的学生,最终还是将自己定位为美国史或拉美史领域的专家。

大繁荣的前夜

在20世纪40—50年代的拉美、欧洲与美国,一个由数百名学术机构内外的研究者组成的学术共同体开始撰写越来越多的优质严谨的学术著作。在欧洲，这批学者规模很小，最出色的成员在西班牙、葡萄牙、法国与英国。在拉丁美洲，历史学学术项目的发展在墨西哥、阿根廷和智利最引人注目。在美国，战后经济的稳定增长、高校的发展和大学生入学率的提高为拉美史研究提供了基础，尤其是在十来所高校涌现了一批杰出的学者。美国的拉美史学界的发展轨迹与上述地区既有重合，也有歧异。列奥波德·冯·兰克对档案研究和文献证据的重视在大西洋的两岸都构成了史学方法论的基础。法国的教益，特别是年鉴学派的教益对拉美和欧洲产生了巨大的影响，但是在美国则逊色一些。宏观的诠释性著作、理论与散文式的学术写作传统在拉丁美洲的市场远远大于英语世界。

兰克的影响在拉丁美洲非常显著，尽管程度在地区内部差别很大。墨西哥革命结束之后，在20世纪的余下时期一直执掌政坛的制度革命党（Partido Revolucionario Institucional, PRI）积极寻求建构新的民族身份叙事。国家政权建立了一系列教育和文化机构——学校、博物馆、研究所——以打造新的视野，乃至新的墨西哥历史。同巴西（还有其他一些国家）的情况相类，墨西哥民族身份叙事的重点从伊比利亚帝国的欧洲中心主义转向了种族和文化的混血。新的民族认同叙事歌颂原住民（尤其是阿兹特克）的历史与多个世纪以来的种族混血，将革命视作一个现代的、世俗的、混血的墨西哥的胜利。到60年代，墨西哥已经形成了活跃、高产的职业历史学术共同体，学者们授课、研究，写作精致严谨的史学著作。具有讽刺意味的是，

第二章 先驱的世代

恰是一种解释墨西哥革命、解释革命为何到 50 年代已昭然遭到背叛的渴望，激励着这些历史学者（和社会科学学者）中的许多人。

为了逃离 20 世纪 30 年代末上台的佛朗哥政权，许多西班牙知识分子来到墨西哥，构成了对墨西哥史学的又一推动力。拉斐尔·阿尔塔米拉（Rafael Altamira，1866—1951）和何塞·高斯（José Gaos，1900—1969）——仅举两例——对墨西哥人文社会科学的智识发展和职业化进程贡献巨大。这一时代的标志性事件是 1940 年墨西哥学院的创建。该机构随后成为墨西哥知识界的领军力量，对历史学术的巩固至关重要。西尔维奥·萨瓦拉（Silvio Zavala）和达尼埃尔·科西奥·比列加斯（Daniel Cosío Villegas）应该是本时期的标志性人物。萨瓦拉（1909—2014）在墨西哥主要的历史研究机构（墨西哥学院、国家历史博物馆、泛美历史地理研究所的历史学委员会）历任诸多行政要职，实权日益增强，"几乎成为史学界的'沙皇'"。①40 年代末，科西奥·比列加斯（1898—1976）开始在墨西哥学院开设研讨班，延续多年，培养出许多职业历史学者，对历史学科影响巨大。他还主持编撰了《墨西哥现代史》（1955—1972），这是一部多名学者合力创作的十卷本鸿篇巨著，奠定了一种遵循兰克史学传统的历史写作范式，表现为对档案研究和文献记载的重视。科西奥·比列加斯还（在政府支持下）创办了经济文化基金会。

---

① Guillermo Zermeño Padilla, "Mexican Historical Writing," in Axel Schneider and Daniel Woolf, eds, *The Oxford History of Historical Writing*, Vol. 5: *Historical Writing since 1945* (New York: Oxford University Press, 2011), p. 457.

无论是在墨西哥还是就整个拉美而言,该基金会都是人文社科学术著作最重要的出版者之一。

在那些教育投资起步较早且持续、稳定的拉美国家(最突出的例子是阿根廷、智利与乌拉圭),大学开始制定出历史学研究生的培养计划。到20世纪50年代,阿根廷的历史学者分裂成两派,双方叙述民族历史的图景相异,但都采用成熟的学术方法论证自己的观点。这一时期影响最大的著作大概是何塞·路易斯·罗梅罗所著的《阿根廷的政治思想》(José Luis Romero, *Las ideas políticas en la Argentina*, 1946)。罗梅罗(1909—1977)后来在高校中担任要职,在向阿根廷(和拉美)的史学界推广社会史、法国的历史研究方法和德国哲学思想过程中,扮演了突出的角色。①

从征服伊始直到拉美独立,西班牙人和葡萄牙人创作了大量的历史著作,因此拉丁美洲史的写作起源于西、葡两国,以殖民地和帝国历史的形式呈现。然而,拉美史学科在两国的职业化却晚于美洲国家,也晚于英国和法国。总体而言,西、葡两国的史学作品充斥着一种帝国的凝视,即宗主国向外端详帝国的目光。高产的葡萄牙历史学家维托里诺·马加良斯·戈迪尼奥(Vitorino Magalhães Godinho, 1918—2011)出版了许多重要的帝国研究成果,他的作品从年鉴学派汲取了深刻的教益。他在20世纪60年代的大部分时间和70年代早期任职于法国的研究机构。20世纪西班牙与葡萄牙的独

---

① Tulio Halperín Donghi, *Testimonio de un observador participante: medio siglo de estudios latinoamericanos en un mundo cambiante* (Buenos Aires: Prometeo Libros, 2013).

第二章 先驱的世代

裁政权(葡萄牙的安东尼奥·德奥利韦拉·萨拉查和西班牙的弗朗西斯科·佛朗哥)阻抑了史学的职业化进程。不过,丰富的档案资料使西、葡两国成为拉美殖民史学者争赴的圣地。正是由于档案宝库唾手可得,西班牙和葡萄牙(还有法国)的历史学者在研究中倾向于聚焦拉美独立之前的数个世纪。

在法国,特别是在巴黎,一个早期的学术共同体随着年鉴学派崛起而成型。年鉴学派得名于其旗下著名的学术期刊《经济社会史年鉴》(1929年创刊),学派成员、历史学家马克·布洛赫和吕西安·费弗尔主要研究中世纪和现代早期的世界,但是,其信徒,尤其是在拉丁美洲,也强调结构、量化数据和"长时段"的视野。年鉴学派的影响在1945年后的拉美特别显著。拉美精英对巴黎和法国文化长期心醉神迷,转化为20世纪拉美大学中法国风尚的显著影响。法国(和西班牙与葡萄牙类似)典型的早期拉美史学术研究倾向于采取帝国的视野,通常也重视量化研究与社会史路径。

英国的拉美史研究出现得偏晚,但是在20世纪60年代也进入了繁荣期。尽管从19世纪早期开始直到第二次世界大战,英国在拉美大部和加勒比部分地区始终是支配性的强权国家,但在20世纪60年代以前,除了少数明显的例外,英国史学界几乎忽略了整个拉美地区。英国拉美史学科的"奠基者"是罗宾·汉弗莱斯(1907—1999),尽管他起初接受的是北美史的学术训练。1948年,汉弗莱斯被任命为英国拉美史研究的第一位讲席教授,在一种"深深的思想孤立"之中开展自己的研究。①50年代的博士研究生约翰·林奇（1927—2018）和J. H. 埃利奥特（1930年生）等人将在60年代成为杰出的青年历史学者（还有大卫·乔斯林［David Joslin］、阿利斯泰尔·亨尼西［Alistair Hennessy］、哈罗德·布莱克莫尔［Harold Blakemore］，以及约翰·斯特里特［John Street］）。查尔斯·鲍克瑟（Charles Boxer，1904—2000）②是最权威的巴西殖民史学家之一，尽管他的学术轨迹颇为曲折独特。20世纪30—40年代，他作为军官服役于英国海军，驻地在日本和中国，当时他以研究葡萄牙帝国在东亚的著作开启了学术生涯。1947年，他成为伦敦国王学院第一位葡萄牙贾梅士讲席教授，随后出版了许多关于葡萄牙、西班牙与荷兰等"海洋"（seaborne）帝国的著作。他的《巴西的黄金时代，1695—1750》（*Goldon Age of Brazil, 1695—1750*，1963）时至今日仍属经典。③

虽然博尔顿和他的门生培养出一大批专攻拉美史的学者，但本世代学者中仍有一些代表人物接受的是更为广博的西方文明史的训练。他们将拉美史作为欧洲文明全球性扩张的组成部分加以研究。随着时间推移，本世代的杰出成员成为资深学者，见证了1959年后

---

① Gabriel Paquette, "The 'Parry Report' (1965) and the Establishment of Latin American Studies in the United Kingdom," *Historical Journal*, 62/1 (2019): 219–240, at p. 228.

② 中文名为谟区查。——译者注

③ Robin Humphreys, *British Consular Reports on the Trade and Politics of Latin America, 1824–1826* (London: Royal Historical Society, 1940); John Lynch, *Latin American Revolutions, 1808–1826* (New York: W. W. Norton, 1973); John H. Elliott, *Imperial Spain, 1469–1716* (London: Edward Arnold, 1963).

第二章 先驱的世代

的拉美史大繁荣。这一代学者大约出生于第一次世界大战期间或是战后数年,在40年代末、50年代初完成研究生学业。当拉美史大繁荣开启时,他们大多在四十岁上下。

在最后一批接受博通式而非专家式培养的拉美史学者中,亚历山大·马钱特和理查德·莫尔斯二人是主要代表。马钱特(1912—1981)出生于里约热内卢的一个美国南方邦联派流亡者家庭,20世纪30年代在约翰斯·霍普金斯大学完成博士论文,由弗雷德里克·蔡平·莱恩指导。莱恩是研究欧洲海外扩张的杰出史学家。马钱特选择了葡萄牙人在巴西的殖民定居活动作为博士论文的题目,因为在"16世纪欧洲民族的海外扩张"进程中,该部分缺乏研究。1942年该研究出版成书,此时它竟然仅为第二本在美国出版的巴西史学术专著,由此可见对巴西的历史研究相较对西班牙美洲的研究仍远远落后。①

另一位巴西研究者理查德·莫尔斯(1922—2001)接受的也是广泛的西方历史,尤其是思想史的训练。在拉美史领域,摩尔斯相较任何人都更有资格担任文化与思想史方面的旗手。尽管思想史本身有光荣和悠久的学术传统,但在美国的拉美史领域,思想史从来都没有站在学科的前沿位置。约翰·泰特·兰宁对拉美启蒙运动的

---

① Alexander Marchant, *From Barter to Slavery: The Economic Relations of Portuguese and Indians in the Settlement of Brazil, 1500–1580* (Gloucester, MA: Peter Lang, 1966). 引文在第77页。第一本专著是Alan K. Manchester, *British Preeminence in Brazil: Its Rise and Decline* (Chapel Hill: University of North Carolina Press, 1933),该书本质上同样是研究欧洲在巴西的影响。

研究和刘易斯·汉克对巴托洛梅·德·拉斯卡萨斯的研究于20世纪40年代到50年代问世，是这种传统思想史研究的代表作。莫尔斯深耕于思想史领域，以其散文化的写作方式创作了大量作品。他的研究重视拉美地区的大家族制度和天主教遗产，强调其同北美个人主义的新教传统截然不同。①

40年代以后学界对后殖民时期和民族国家层面的研究兴趣日增，构成了该时期拉美史领域最清晰的转向之一。早先几代的学院派历史学者绝大多数将兴趣放在殖民时期，关注征服年代（在墨西哥和安第斯地区，这一时期大体从15世纪90年代到16世纪70年代）和独立战争前后数十年（大体在1750—1850年之间）的历史。20世纪早期学界对后殖民时期的研究绝大多数都采用了一条彻底的政治史和外交史进路。迟至1930年，斯坦福大学的珀西·阿尔文·马丁直截了当地指出："西班牙美洲诸共和国的历史简直名不副实"，"历史学者的工作……在他充分地研究了殖民时期和独立战争的历史之后就结束了。"②

不难理解，墨西哥史在学者们对拉丁美洲民族国家阶段的历史研究中处于领先地位，美国学者尤其对墨西哥革命抱有强烈的兴

---

① Richard M. Morse, *New World Soundings: Culture and Ideology in the Americas* (Baltimore: Johns Hopkins University Press, 1989); *O espelho de Próspero: cultura e idéias nas Américas*, trans. Paulo Neves (São Paulo: Companhia das Letras, 1988); Lewis Hanke, *Bartolomé de las Casas: An Interpretation of His Life and Writings* (The Hague: Martinus Nijhoff, 1951); John Tate Lanning, *The Eighteenth-Century Enlightenment in the University of San Carlos de Guatemala* (Ithaca, NY: Cornell University Press, 1956).

② 引自 Charles Gibson and Benjamin Keen, "Trends of United States Studies in Latin American History," *American Historical Review*, 62/4 (1957): 855–877, at p. 865.

第二章　先驱的世代

趣。霍华德·克莱因、斯坦利·罗斯、查尔斯·坎伯兰，还有哥伦比亚大学的社会学家弗兰克·坦南鲍姆，都对墨西哥革命与革命时期的美墨关系做了出色的研究。①从此以后，对墨西哥史的研究一骑绝尘，成为拉美各民族国家历史中研究最为完备的领域（在用英语发表的成果中，对墨西哥革命的研究比对诸如乌拉圭、巴拉圭、厄瓜多尔和哥斯达黎加这些国家的研究加起来还要多得多）。②

20世纪40—50年代拉丁美洲史领域发生的重要变化，还包括向社会经济史研究靠拢，以及其他学科开始对拉美史研究产生影响。影响最大的研究进路大概是"伯克利学派"对人口史的关注。伍德罗·博拉（1912—1999，1940年在博尔顿的指导下获博士学位）、莱斯利·伯德·辛普森（1891—1984）和舍伯恩·F.库克（1896—1974）三人合作，对16世纪墨西哥中部的原住民人口开展了一系列重量级研究。③通过严谨的档案爬梳，博拉和库克发现征服结束后墨

---

①　Howard Cline, *The United States and Mexico* (Cambridge, MA: Harvard University Press, 1953); Stanley R. Ross, *Francisco I. Madero: Apostle of Mexican Democracy* (New York: Columbia University Press, 1955); Charles Curtis Cumberland, *Mexican Revolution: Genesis under Madero* (Austin: University of Texas Press, 1952); Frank Tannenbaum, *Mexico: The Struggle for Peace and Bread* (New York: Alfred A. Knopf, 1950).

②　拉丁美洲史学会的内部格局，以及会员们的区域兴趣点都清晰地反映出墨西哥的主导地位。2020年学会拥有约1300名会员，其中大概350名属于墨西哥研究部，规模约是安第斯研究部和巴西研究部的两倍。

③　Sherburne F. Cook and Lesley Byrd Simpson, *The Population of Central Mexico in the Sixteenth Century* (Berkeley: University of California Press, 1948); 该时期博拉和库克最重要的作品是 *The Aboriginal Population of Central Mexico on the Eve of the Spanish Conquest* (Berkeley: University of California Press, 1963).

西哥中部的原住民人口规模经历了灾难性的下降,较征服前的人口锐减了80%到90%。随后于20世纪下半叶展开的人口史研究大体上支持博拉和库克开创性的研究成果,将类似的结论扩展到美洲的其他地区。

伯克利学派促使拉美史研究进一步向人口学、人类学和其他社会科学学科的影响开放。同时,40年代毕业于耶鲁大学的查尔斯·吉布森(Charles Gibson,1920—1985)也把拉美史推向民族史(ethnohistory)的方向。吉布森具有里程碑意义的著作《西班牙治下的阿兹特克人》(1964)对繁荣一代的许多历史学和人类学学者教益颇深。[1] 吉布森和伯克利学派的先驱研究促使殖民史学者将早年间关注征服者的目光转向原住民族及其历史。吉布森虽然关注印第安人,但他仍然依赖西班牙语文献去再现阿兹特克人和同时期其他土著民族的历史世界。

这一代学者还愈发将社会经济史推向本领域的学术前沿。在这方面最有影响的人物大概是斯坦利·斯坦(Stanley Stein,1920—2019)。斯坦是克莱伦斯·哈林在哈佛指导的博士(1951年毕业)。1957年,他出版了两部在巴西经济史领域具有奠基性意义的作品(一部关于农村,一部关于城市):《巴西的棉纺织业》(*The Brazilian Cotton Manufacture*)和《瓦索拉斯:一个巴西的咖啡种植县,1850—1900》(*Vassouras: A Brazilian Coffce County, 1850—1900*),

---

[1] Charles Gibson, *The Aztecs under Spanish Rule: A History of the Indians of the Valley of Mexico in the Sixteenth Century* (Stanford, CA: Stanford University Press, 1964).

第二章　先驱的世代

后者对研究奴隶制的学者影响尤为巨大。与吉布森对墨西哥的研究一样，斯坦依据市镇公证档案研究巴西，重现精英乃至精英之外诸阶层的社会生活，揭示出其中前所未有的历史细节。

从许多方面来说，这一代最出众的历史学家都是霍华德·F.克莱因（1915—1971），另一位哈佛博士（1947年毕业）。在整个20世纪50—60年代，克莱因应该是拉美史研究首屈一指的组织者和推动者。作为美国国会图书馆西班牙基金会的主任，克莱因领导了多个领域内最为重要的研究课题，包括编撰《美国拉丁美洲研究者名录》和两卷本的《拉丁美洲史研究与教学论文集，1898—1965》。① 克莱因还在筹集来自美国政府和各基金会的拉美研究支持资金方面发挥了关键性的作用。

正如克莱因《名录》所言，在20世纪50年代末的美国，一个规模不大但活跃多产的拉美史学者群体已经成型。在欧洲出现了一个规模更小的学术共同体。拉丁美洲的一些大学已经开始产出质量极高的历史学术研究和杰出的历史学者，特别是在墨西哥和阿根廷。到20世纪中期，数十年缓慢渐进的发展使得拉丁美洲史学者共同体在三大洲各自成型。学者们毫不怀疑，60年代诸多历史事件与进程的交汇将会使拉丁美洲史研究受到深刻的改造。

---

① Howard F. Cline, comp. and ed., *Latin American History: Essays on Its Study and Teaching, 1898–1965*, 2 vols (Austin: University of Texas Press, 1967), and *National Directory of Latin Americanists: Bibliographies of 1,844 Specialists in the Social Sciences and Humanities* (Washington, DC: Hispanic Foundation Bibliographical Series No. 10, Government Printing Office, 1966).

第三章

经济与量化转向

繁荣年代

1960年之后一系列历史因素汇合,共同造就了一个拉丁美洲研究的繁荣时期。作为冷战的一个直接后果,地区研究大体上在20世纪50年代开始蓬勃发展。在美国奉行全球主义的年代,美国政府和私人基金会不断追加资金支持,用以培养研究世界各地区的专才。《国防教育法》(1958)为创建覆盖全球各区域的专家池而提供财政支持。又如福特基金会也慷慨解囊,在1953—1966年间通过主持"国际化培养与研究计划"向34所大学投入了超过2.7亿美元。[①] 另一个关键性的因素是,随着"婴儿潮一代"到了读大学的年纪,60年代美国大学入学人数迅速增长(从1960年到1970年,大学生注册数量增长了一倍多)。已建的大学快速扩充院系,新的大学也不断涌

[①] Richard D. Lambert, ed., *Beyond Growth: The Next Stage in Language and Area Studies* (Washington, DC: Association of American Universities, 1984), p. 9.

现,所有学校的历史系都从美国史和欧洲史等传统"核心"领域向外拓展。接受过学术训练的专家需求日增,而专攻拉美史的研究生人数亦大有扩展。

最后,我们也不能忽视菲德尔·卡斯特罗以及古巴革命的影响。卡斯特罗受到美国政府和公众高度关注,这刺激了美国对拉丁美洲研究专家的需求,拉美史学家也包括其中。60年代横扫拉丁美洲的革命风潮进一步激励了许多学生选择拉美作为自己的研究领域。相当一部分在60年代入学的研究生通过"和平队"(Peace Corps)或是志愿服务工作积累了在拉美的生活经历。同其他多数领域的历史学者相比,拉丁美洲史学者受其研究领域吸引更多地出于在该地区的直接生活经历,还有对社会公正与平等的强烈关注。进入60年代后,一些主要的拉美文学作品,尤其是小说被翻译成英语,使人们迅速认识了光辉灿烂的拉美文学,人们甚至造出"爆炸"(el boom)一词来形容其繁荣光景与全球性的影响。

1960年后该领域的特点是学科扩展、多样化与专门化。美国大学中拉美史学者人数巨大而迅猛的增长,从根本上改变了这一专业,特别是在60年代的研究生们到70年代成为教师之后。例如,拉丁美洲史研究的博士论文在1960年只有十来篇,到1980年增长了三倍。美国经济不断扩张,各式各样的基金会和机构数量攀升(例如福特基金会、洛克菲勒基金会、多尔蒂基金会、廷克基金会,美国卫生、教育与公众服务部,社会科学研究理事会,等等),这很快使得美国师生以前所未有的规模去往拉美访学或开展档案研究。到

第三章 经济与量化转向

70 年代初,学者们的研究覆盖政治、经济、社会、文化、思想与外交等各个领域。和许多史学界的同行一样,拉美史学者将来也会转向更加新颖的研究进路,但下一世代的学术研究基本还是属于社会经济史的范畴。

20 世纪 60 年代标志着拉丁美洲史学科发展与职业化进程的转折点——无论在美国、欧洲还是拉美都是如此。经济发展、大学入学率的增长以及革命反叛的潮流加快了三大洲学术共同体的形成(澳大利亚和亚洲的共同体较三者小得多)。1973—1974 年,第一次石油危机引发全球经济低迷,拉丁美洲研究的繁荣因而放缓,随后又受到 1979—1980 年第二次石油危机的影响而进一步减速。上述全球性的经济动荡拖累了 70 年代中期到 80 年代中期职业历史学者的培养工作。当世界经济于 80 年代中期开始缓慢恢复元气之时,英美两国学院派历史学者的培养效率渐趋稳定,新兴学者如同涓涓细流,缓慢而平稳地注入学界。而在拉丁美洲,债务危机的漫长年代一直延续到 20 世纪 90 年代初,但它反倒颇为讽刺地标志着大学博士生项目开始了长达数十年的扩展。进入 21 世纪后这种扩张潮流加速发展,标志着职业拉美史学者的共同体在美洲和欧洲都巩固下来。所以说,70 年代和 80 年代是过渡的时代。尽管全球经济时局艰难,拉美史研究还是在这些年代得到巩固。随后在 21 世纪早期,交通和数字革命最终让全世界的拉美史学家相互联系成为可能,无论他们身处何方。

从 70 年代开始,拉丁美洲史在美国真正成为一个专门研究领域。在过去的四十年里,研究各个时段、各个国家的学者以越来越快的速度涌现。美国的拉美史家现在广泛地采用各种研究进路，研究的领域也越来越专门化。拉美史和社会科学研究相互滋养的趋势于60年代发端并延续下来，正如历史学的其他门类乃至其他人文学科那样。虽然繁荣改善了拉美史行业的境况，60年代末新历史学者的工作机会似乎无穷无尽，但到了70年代中期，就业机会陷入极度短缺。1975年以前，全美大学每年能培养出一千余名（历史学各领域的）博士，但各学术研究性部门和院系能腾出的职位却仅仅达到此数之半。拉丁美洲史领域，乃至整个历史学领域，都培养出许多颇有前途的年轻学者，这些人却随后在70年代末80年代初转行做了其他职业。很多博士论文不但没有成为学术道路的起点，反而意味着学术生涯的终结，它们从来没有等到发表的那一天。①

不过，新博士"饱和"的状况到80年代中期得到了缓解，就业市场也恢复了活力（尽管远不及60年代生机勃发的景象）。直到90年代，每年新毕业的拉丁美洲史博士人数仍然超过新空缺的学术职位数。20世纪的最后十年中，美国史和欧洲史的博士毕业生在美国所有的历史学博士毕业生中占大约70%。拉丁美洲史大概能达到5%—6%的水平。也就是说，差不多每年有50—60位博士毕业，而每年大概能空缺40—50个拉丁美洲史方向的教职。很多应届博士毕业生是女性，这标志着随着攻读历史学研究生并获得博士学位的女

---

① Robert B. Townsend, "Precedents: The Job Crisis of the 1970s," *AHA Perspectives*, 35/4 (1997): 9–13; and "Job Report 1997: Bleak Outlook for the History Job Market," ibid.: 7–11.

第三章　经济与量化转向

性人数稳定增长，学术界正经历着时代的变革。①

该领域的规模、多样性、分化，都使人们不能再像描述其早年发展一般对其轻松概括。不过，一些趋势的确清晰瞩目。最突出的特征是，20世纪70年代和80年代是社会史的年代，而90年代则是文化史的年代。社会史学者们承续了始于60年代的重要转向，将他们的目光从制度和精英身上移开，投向集体心态（collective mentality）和非精英的社会阶层，例如奴隶、原住民族、女性、劳工和农民。社会史家并未抛弃精英研究，但他们通常将精英作为集体性的社会实体加以研究，探究其行为模式，或者群体和阶级层面的身份认同。更加传统的治史进路——政治史、外交史、军事史——在该世纪的最后几十年中持续衰落。

"量化时刻"

随着60年代以来的社会史转向，如同其他史学（以及某些社会科学）专业一样，拉美史也经历了一个"量化时刻"。历史学者似乎对所有的东西都开始做计算——人口、货品、贸易与价格莫不如此。量化研究本身并不是什么新现象。厄尔·J. 汉密尔顿的经典著

---

① 比如在20世纪90年代初，每年刊登于《美国历史学会视角》的拉丁美洲史教职招聘信息平均是34个，每个职位的申请者超过80人。而根据《学位论文文摘》，90年代初每年新毕业的拉美史博士约为50人。Robert B. Townsend, "Studies Report Mixed News for History Job Seekers," AHA Perspectives, 35/3 (1997): 8. 在1992年，"美国各高校培养了725名新毕业的历史学博士，其中34.2% 为女性"。Carla Hesse, "Report on the Status and Hiring of Women and Minority Historians in Academia," AHA Perspectives, 34/3 (1996): 35.

作《美洲财富与西班牙的价格革命，1501—1650》(Earl J. Hamilton, *American Treasure and the Price Revolution in Spain，1501—1650*，1934）是最早的拉丁美洲史学术专著之一，在整个经济史领域也是开创性的作品。汉密尔顿再现了墨西哥和秘鲁白银向西班牙的流动，他发现，几十年内价格出现了细微却关键的上涨。这种通货膨胀现象证明在美洲白银和欧洲经济之间存在着至关重要的联系。斯坦利·斯坦对巴西棉纺业的研究，以及他关注奴隶制与咖啡种植的著作(皆出版于1957年)对数据收集和统计方法做了非常重要的应用。

伯克利学派同样是美国量化史学的早期例证。40年代，伍德罗·博拉、舍伯恩·库克和莱斯利·伯德·辛普森开始研究墨西哥中部的人口，他们的论著在随后数十年里为征服前后美洲土著人口水平的估算提供了标杆（难以置信的是，三人均不在历史系工作。库克是生理学家，辛普森在西班牙语系工作，而博拉则任职于演辩学系［Speech Department］，直到60年代他才接受历史系讲席教授的邀约）。此后几十年，人口学研究吸引了一群活跃的、具有不同学科背景的研究人员。人类学家亨利·多宾斯（1925—2009）在60—70年代相继发表了重要的研究成果，尤其是对秘鲁的研究。诺布尔·戴维·库克（1941年生人）也极为严谨地研究了殖民时期秘鲁的人口，而罗伯特·麦卡阿（1942年生人）则对智利和秘鲁的数据做了非常复杂精细的统计学分析。英国地理学家琳达·纽森（1946年生人）对中美洲和厄瓜多尔的研究在80年代后陆续问世。此时，学界对1492年后美洲土著人口在原先水平上锐减的问题已经有旷日

第三章 经济与量化转向

持久的讨论,纽森的著作在此基础上又有所推进。①

到 70 年代,在受到量化转向波及的学者中,程度轻者已习惯性地制作图表和表格,程度重者则认为,归根结底,量化是在实证层面唯一严谨和有效的史学知识生产形式。量化研究的拥护者通常把量化方法在史学领域的应用称为"计量史学"(cliometrics,以司掌历史的缪斯克利俄[Clio]命名)。量化转向的标志大概是罗伯特·福格尔和斯坦利·恩格尔曼颇受争议的作品《苦难的时代:美国奴隶制经济学》(1974)。②对该书的评议和争论不仅见诸报端、杂志,甚至上了电视,它也许是 20 世纪大众知名度最高、讨论范围最广的学术作品。对于那些倡议以数字为侧重的人来说,这本书象征着在史学研究中运用量化方法能产生惊人的学术潜力(福格尔 1993 年因他在经济史领域的贡献而获得诺贝尔经济学奖)。而对批评者来说,福

---

① Henry F. Dobyns, "Estimating Aboriginal American Population: An Appraisal of Techniques with a New Hemispheric Estimate," *Current Anthropology*, 7/4 (1966): 395; Noble David Cook, *Demographic Collapse: Indian Peru, 1520–1620* (New York: Cambridge University Press, 1981); Robert McCaa, *Marriage and Fertility in Chile: Demographic Turning Points in the Petorca Valley, 1840–1976* (Boulder, CO: Westview Press, 1983); Linda Newson, *The Cost of Conquest: Indian Decline in Honduras under the Spanish Rule* (Boulder, CO: Westview Press, 1986), and *Indian Survival in Colonial Nicaragua* (Norman: University of Oklahoma Press, 1987). 对于上述大多数的人口史研究,有学者一直在提出非常尖锐的批评。参见 David Henige, *Numbers from Nowhere: The American Indian Contact Population Debate* (Norman: University of Oklahoma Press, 1998)。

② Robert William Fogel and Stanley L. Engerman, *Time on the Cross: The Economics of American Negro Slavery* (Boston: Little, Brown, 1974). 福格尔和恩格尔曼也在该书的第二册中为学界同行提供了他们使用的数据与阐释方法。*Time on The Cross: Evidence and Methods – A Supplement* (Boston: Little, Brown, 1974)。

格尔和恩格尔曼的成果恰恰说明了量化方法存在不少陷阱；无论如何，量化是有局限的。

回顾起来，量化方法在史学领域的影响力在 70 年代和 80 年代达到巅峰。在接下来的章节中我们将会看到，到 90 年代，量化研究明显从绝大多数美国历史学者的作品中消失了（不过在拉美并非如此）。经济学家和经济学院系垄断了核心期刊和专业学会，他们作品中那些计量经济的数学和统计学技巧也极少再有历史学者尝试去掌握。如今看来，90 年代拉美史学界会议上一系列的专题研讨和争论构成了计量史家最后的尝试，他们试图说服大多数拉美史学者（和人文学者）量化研究的重要性和可靠性。①

在美国，量化研究的声势主要源于经济学院系和经济学家对历史学界的影响。而在拉美，对量化的重视并非来自经济学家，而是年鉴学派的教益。这种量化风格产生了更为长远有力的影响，和量化方法在美国的演变轨迹迥然不同。法国文化对拉美精英的影响旷日持久，其关键在于法国同拉美在学术和制度层面的紧密联结。在 20 世纪中期以前，拉丁美洲的历史学和社会科学学者非常稳定地流向法国大学接受训练，尤以巴黎的大学为多（当时拉丁美洲大学的博士生项目数量还非常少）。

除了年鉴学派，结构主义的兴起对拉丁美洲同样启迪至深。

---

① 参见专刊 "Mexico's New Cultural History: una lucha libre?" *Hispanic American Historical Review*, 79/2 (1999), 特别是 Stephen Haber, "Anything Goes: Mexico's 'New' Cultural History," pp. 309–330。

第三章 经济与量化转向

(结构主义者认为，深层次的系统与结构才是理解各社会与文化的要义。法国知识分子在20世纪中期结构主义的兴盛过程中扮演了关键角色，在语言学与人类学领域尤其如此。)许多拉美人在法国获得学位，很多法国学者也任教于拉美的研究机构。比如人们公认现在拉美最出色的研究型大学、圣保罗州政府于20世纪30年代创办的圣保罗大学，法国教授在其初创时期就厥功至伟。费尔南·布罗代尔（1902—1985），年鉴学派的巨人、20世纪公认最伟大的历史学家之一，帮助组织起圣保罗大学历史系并在该系任教。结构主义的创始人之一克劳德·列维-施特劳斯（1908—2009）在学术生涯早期就是圣保罗大学的一名人类学青年教授，投身于亚马逊地区的田野调查，他日后凭此一举成名。[①]

当量化导向的美国历史学者愈发转向经济、计量经济学与模型研究时，他们在拉美的同道却强调历时性数据和结构。许多人遵循了皮埃尔·肖尼（1923—2009）的先例。肖尼（在夫人于盖特的协助下）就塞维利亚及其在伊比利亚美洲贸易中的地位问题搜集了海量的统计时序数据，其研究于50年代末问世。墨西哥史学界最具影响的人物之一恩里克·弗洛雷斯卡诺（1937年生人），60年代在巴黎获得博士学位，并出版了他就18世纪墨西哥的谷物价格所作的博士论文。在巴西，玛丽亚·芭芭拉·莱维对商业和经济史的研究，以及

[①] 列维-施特劳斯的回忆录被誉为20世纪的经典之作，他在书中全面地回顾了自己在巴西的田野考察经历。*Tristes Tropiques* (Paris: Librarie Plon, 1955); *Tristes Tropiques*, trans. John Weightman and Doreen Weightman (New York: Atheneum, 1973).

玛丽亚·路易莎·马西利奥的人口史研究标志着60—70年代向所谓"系列史"（serial history）的转变，表现为精心制作并使用统计时序数据。马西利奥在巴黎获得博士学位，是布罗代尔的学生；而莱维则是弗雷德里克·莫罗的博士生（莫罗和肖尼都是布罗代尔的学生。肖尼学术生涯晚期一直在巴黎第四大学，而莫罗则是巴黎第十大学拉丁美洲史的首席教授）。量化方法的广泛影响与年鉴学派的教益反映在西罗·F. S. 卡多索和埃克托尔·佩雷斯·布里尼奥利合著的一本广为传阅的史学方法手册当中（卡多索是巴西人，而布里尼奥利是阿根廷人，两人均在法国接受培养并任教于哥斯达黎加）。该书70年代于中美洲和墨西哥首次出版，在整个拉美地区都被广泛使用。卡多索是莫罗的学生，布里尼奥利则是巴黎第四大学的博士。合著手册时，他们都是社会科学化、量化研究与结构主义阵营的坚定卫道士。①

60年代以来，史学的社会史转向构成了一种更宏观的趋势，量化研究和量化导向的历史学者是其中的一个组成部分。虽然一些

---

① Pierre Chaunu, *Structures et conjoncture de l'Atlantique espagnol et hispano-américain (1504–1650)*, 3 vols (Paris: Institut des hautes études de l'Amérique Latine, 1959); Enrique Florescano, *Precios del maíz y crisis agrícolas en México (1708–1810): ensayo sobre el movimiento de los precios y sus consecuencias económicas y sociales* (Mexico City: Colegio de México, 1969); Maria Bárbara Levy, *História da bolsa de valores do Rio de Janeiro* (Rio de Janeiro: IBMEC, 1977); Maria Luiza Marcilio, *A cidade de São Paulo: povoamento e população, 1750–1850* (São Paulo: Livraria Pioneira, Editora da Universidade de São Paulo, 1974); Frédéric Mauro, *Le Portugal et l'Atlantique au XVIIe siècle, 1570–1670: étude économique* (Paris: S.E.V.P.E.N., 1960); Ciro F. S. Cardoso and Héctor Pérez-Brignoli, *Los métodos de la historia: introducción a los problemas, métodos y técnicas de la historia demográfica, económica y social* (Mexico City: Editorial Grijalba, 1977).

第三章 经济与量化转向

史学著作在早些时候已经明确地开始采用社会史的方法和进路,但它们直到此时才在拉美史学者中占据统治性的主导地位。不过社会史的地位在80年代开始衰落,拉美史学界的主流在90年代转向文化史。在英美,社会史年代的标志为对量化、经验证据(指数据)和社会科学方法的强调。在下一章中我们将会看到,随着文化史崛起,上述趋势逐渐退潮。在拉丁美洲,量化转向显著而持久,在经济和人口史领域尤其如此,不过英美式经验主义在拉美的声势很小。一个重要的原因是马克思主义在拉美知识分子和学者群中具有重要的历史地位。

马克思主义与依附理论

卡尔·马克思(1818—1883)对拉美和欧洲的历史学者和历史写作具有深远的影响,尽管在美国其影响要小得多。1959年后,拉美革命运动风起云涌,右翼独裁政权上台,美国又卖力镇压游击活动,拉丁美洲成为世界上政治最动荡的地区之一,马克思主义在拉美的影响随之增强。古巴革命似乎预示着社会主义可能在拉美其他地区取得胜利。诸多形式的马克思主义涌现出来,在拉美的革命武装和政治人物中间很有市场,这使得运用马克思主义解释拉美历史的尝试远远超出学术的层面。1970年,马克思主义者萨尔瓦多·阿连德以微弱优势赢得智利总统大选,似乎一度表明民主的马克思主义者可以在拉丁美洲(至少在某些国家)通过选举上台执政,而无须诉诸武装革命。泛而言之,在那些重视经济结构和物质生活条件,并将其视为理解政治和写作历史的关键的学者中间,马克思对"历史唯物主义"的强调颇有影响。

在受到马克思深刻影响的杰出知识分子中,20世纪20年代秘鲁的何塞·卡洛斯·马里亚特吉(1894—1930),以及40年代以来巴西的小卡约·普拉多(1907—1990)和智利的胡里奥·塞萨尔·霍韦特(1912—1980)是比较早期的代表人物。① 到60年代,马克思主义的诸多版本对该地区许多流派的优秀历史学者都产生了启发。坚持更加传统的、唯物主义立场的学者(关注马克思所谓的经济基础),倾向于重视经济史、阶级斗争和帝国主义(主要是美帝国主义)。斯大林主义的影响和苏联倡导的马克思-列宁主义版本也有自己的追随者,他们长期卷入论争,希望证明殖民时期的拉丁美洲是一个封建社会,必须先经历一个资本主义阶段才有可能开展社会主义革命。更新派的马克思主义学说主要来自法国和英国,更加强调文化、意识形态和政治(马克思笔下的"上层建筑")。

结构、经济和马克思主义的重要性,这一切在战后导致了60、70年代所谓"依附理论"(实际上是关于依附的"诸"理论)的出现。

---

① José Carlos Mariátegui, *Seven Interpretive Essays on Peruvian Reality*, trans. Marjory Urquidi (Austin: University of Texas Press, 1971 [originally pubd in Spanish in 1928]); Caio Prado Junior, *The Colonial Background of Modern Brazil*, trans. Suzette Macedo (Berkeley: University of California Press, 1967), originally pubd as *Formação econômica do Brasil contemporâneo* (São Paulo: Livraria Martins Editora, 1942); Julio César Jobet, *Los fundamentos del marxismo* (4th edn, Santiago: Prensa Latinoamericana, 1964 [1st edn, 1939]).

第三章 经济与量化转向

随着世界从二战后全球的满目疮痍中恢复元气,许多人发现全球各国和殖民地逐渐分为三个"世界"。①第一世界是工业化的、民主的国家,即以美国为首的"全球北方"。第二世界是苏联领导的工业化的、社会主义阵营。而第三世界则主要由亚洲、非洲、拉丁美洲的民族国家和殖民地所组成(一些人现在称之为"全球南方")。理论家认为,上述殖民地和前殖民地的特征在于以农业为主,工业化、城市化水平低,贫困率高。第一世界和第二世界是"发达"地区,而第三世界则是"欠发达"地区。战后,来自各社会科学学科的研究文献大量涌现,旨在解释这种全球性的分化是如何产生的,以及如何促成"发展"。在冷战的年代,这演变为一种争论,即如何促进资本主义的或者社会主义的发展。对于政策制定者来说,过去就是当下乃至未来的序章。

W. W. 罗斯托的经典之作《经济增长的阶段:非共产党宣言》(W. W. Rostow, *The Stages of Economic Growth: A Non-Communist Manifesto*, 1960)是资本主义式发展道路中影响力最大的著作。罗斯托把英国的工业化模式(18世纪中期到19世纪中期)作为典范,将其投影到整个世界。他认为,在达致"发达"状态之前,所有的国家必须经历一系列的发展阶段:传统社会、为经济起飞做准备、经济起飞、向成熟推进、高额大众消费。依照罗斯托的逻辑,第三世界国家还停在传统社会阶段。只有通过援助和贸易,只有在美国

---

① 法国地理学家阿尔弗雷德·索维首次使用该术语。Alfred Sauvy: "Trois mondes, une planète," *L'Observateur*, 118 (14 August 1952), p. 14.

资本主义的大力影响下，才能将它们（强拉硬拽地）拖进现代世界。罗斯托是约翰·F. 肯尼迪和林登·约翰逊两位总统的重要幕僚，他的思想对美国的拉美政策乃至整个第三世界政策影响巨大。罗斯托在许多方面都代表了现代化理论最核心的精神，坚信第三世界的发展道路就是要变得更加接近北欧和美国。

对许多现代化理论家而言，这意味着借用整套价值观——新教伦理、个人主义和利润驱动的精神。世界上其他地区不得不参照北大西洋模式回炉重造，否则就只能保持"落后"。资本主义现代化理论的拥趸们最害怕之事，莫过于万一第三世界的现代化努力失败，继续在贫困中挣扎，它就会成为育养左派革命者的沃土。按照这一逻辑，社会不公与贫困催生动荡与反抗。而资本主义式的现代化会带来经济增长、上升的中产阶级和民主政治。现代化理论的影响鼓励学者们去研究中等阶层（middle sectors）、它在该地区历史上的软弱性及其对民主和资本主义发展的潜在促进作用。50年代任职于美国国务院的几个拉美史学家之一约翰·J. 约翰逊将上述思路浓缩在他的著作《拉丁美洲的政治变迁：中等阶层的产生》之中（John J. Johnson, *Political Change in Latin America: The Emergence of the Middle Sectors*, 1958）。

依附理论是对现代化理论强有力的回击。按照依附论者的说法，通往发展的道路并不像人们理所当然认为的那样，是以英美为蓝本的资本主义现代化。依附理论的核心观点是，第一世界的"发达"造成了第三世界的"欠发达"。这是同一枚硬币的两面。欠发达世界

第三章 经济与量化转向

与其说是停滞在"传统状态"、没能做到"经济起飞",不如说是被迫陷入了同第一世界的经济依附关系。简言之,"发达"国家之所以变得富有,是因为它们系统地剥削了"欠发达"世界,这种剥削始自15世纪欧洲在全球范围内的对外扩张。资本主义的核心区(西北欧)建立起一种世界经济(对于某些人来说,是一种世界体系),拉美、非洲和亚洲殖民地处于该体系的边缘并遭受剥削。

依照这种逻辑,尽管西班牙和葡萄牙的全球帝国生产出不少财富,却仍旧被拉入一种对西北欧的依附关系之中。它们组成了核心区中的边缘区。欧洲对拉美、非洲和亚洲的控制使后者成为真正的边缘中的边缘。西班牙和葡萄牙将拉丁美洲钳制在依附关系之中,哪怕它们自己也正逐渐臣服于英国的经济霸权。核心区(西北欧)消费边缘区的原材料(金、银、铜、锡、棉花、靛蓝等),并转而造出工业制成品。根据这一观点,到19世纪,工业国将过剩资本和工业制成品出口到边缘区,在此过程中将新诞生的拉丁美洲国家捆绑在一种不平等和依附性的关系之中。在殖民时期,拉丁美洲依附于伊比利亚的宗主国,而西班牙和葡萄牙则已经陷入了对西北欧的依附。通过19世纪的独立运动,原先的殖民地推翻了西班牙和葡萄牙的殖民统治,但马上发现自己陷入了一种新的经济依附——依附于英国、法国和美国。在经济和政治上都十分强大的核心区,通过其在边缘区的当地盟友维持着不平等的贸易条件(以大宗商品交换工业制成品)。到19世纪末,出口大宗商品的拉美国家显然完全依赖(英美主宰的)世界市场,以购买由它们生产出来并出口到中心区的产品（蔗糖、咖啡、香蕉、铜锡制品、牛肉和小麦）。

依附理论正是在对上述结构性贸易条件的分析中应运而生的，它先是通过一些非马克思主义者的作品得到了表达，比如阿根廷经济学家劳尔·普雷维什（Raúl Prébisch，1901—1986），他曾担任拉丁美洲经济委员会的主席（该组织总部位于智利的圣地亚哥）；还有很多历史学者的著作也聚焦该问题，他们有的是马克思主义者，有的则受不同形式的马克思主义的深刻影响。在某种程度上，依附理论希望说明，为什么早先的帝国主义理论（尤其是列宁的著作）似乎能够解释19世纪晚期的帝国主义，但没有预见到北大西洋经济体的经济统治地位能够持续到20世纪晚期。列宁曾论称，帝国主义是资本主义的最高阶段，会导致20世纪的全球革命。依附理论强调全球经济和政治的结构，而马克思主义则重视商业资本主义以及此后工业资本主义的剥削性质。列宁在世纪之初没有预见到，资本主义和帝国主义的新形式拆除了革命的引信，无论是在中心（北大西洋地区）还是边缘都是如此。面对这种更复杂、更精密的资本依附形式，在政治上如何回应显而易见：社会主义革命。

依附理论的文献资料庞杂，其中两部标志性的作品尤为引人注目。在德国出生、后赴美接受教育的安德烈·贡德·弗兰克（Andre Gunder Frank，1929—2005）在芝加哥大学撰写了经济学博士论文（关于乌克兰农业），他（最主要的）导师是美国保守主义经济学派（在世界其他地方被称为新自由主义经济学）的领袖米尔顿·弗里德曼（Milton Friedman）。贡德·弗兰克50年代在美国的研究机构任教，

第三章 经济与量化转向

60 年代的大部分时间则在智利教书。在智利他撰写了《资本主义与拉丁美洲的欠发达》(1967)。弗兰克用智利和巴西的案例论证,正是资本主义造成了拉丁美洲的欠发达状态。第二本依附理论的经典之作(甚至更加精彩、更具影响)同样孕育于 60 年代的智利,这就是费尔南多·恩里克·卡多索和恩索·法莱托的《拉美的依附性及发展》(1969)。[①] 虽然两位作者一个是社会学家,另一个是经济学家,该书的副标题又为"一项社会学的阐释",但这本薄薄的小书高屋建瓴地对各种依附机制做了历史性的分析,尤其把重点放在 20 世纪。上述两部作品在拉美乃至世界范围内都有巨大的影响,依附理论或许是拉丁美洲对 20 世纪下半叶的社会科学最为重大的贡献。

依附理论对拉丁美洲所有的社会科学和人文学科的影响十分深刻,一直持续到 90 年代。它对美国和欧洲的冲击小得多,尽管也很重要。在美国,斯坦利和芭芭拉·斯坦的著作《拉丁美洲的殖民遗产》(*The Colonial Heritage of Latin America*, 1970)简明而雄辩地概括了拉丁美洲依附性的产生与演变,将其浓缩在不到 200 页的篇幅中,非常受读者欢迎。在美国,以依附理论为主题的社会科学书籍数量有数十本。最广为传阅的应该是社会学家彼得·埃文斯的《依附性的发展:跨国公司、国家与本地资本在巴西的联盟》(Peter Evans, *Dependent Development: The Alliance of Multinational*,

---

[①] Fernando Henrique Cardoso and Enzo Faletto, *Dependencia y desarrollo en América Latina* (Mexico City: Siglo Veintiuno, 1969); *Dependency and Development in Latin America*, trans. Marjory Mattingly Urquidi (Berkeley: University of California Press, 1979).

State, and Local Capital in Brazil, 1979）。在卡多索和法莱托著作的基础上，埃文斯认为依附的新阶段已经在20世纪的拉美出现。虽然巴西正在推进工业化并减小对大宗商品出口的依赖，但巴西（可以类推到整个拉美）最近的发展仍然依附于北大西洋经济体。

就在拉丁美洲的学术著作似乎每一本标题里都带上"欠发达"或者"发达"（或者二者皆有）的时候，在美国，依附理论的影响却不太显著。70年代和80年代最畅销的教科书之一，E. 布拉德福德·伯恩斯的《拉丁美洲：一部简明史》（E. Bradford Burns, *Latin America: A Concise Interpretive History*, 1972）非常明确地采用了依附理论的方法，还有许多定期给左派期刊《拉丁美洲透视》（*Latin American Perspectives*，1974年创刊）供稿的学者也是一样。研究拉丁美洲的依附理论家甚至对小部分美国史学者产生了影响——尤其是研究阿巴拉契亚山区和美国南部的学者。[①] 不过到头来，依附性分析长于理论，但实证的证据不足。虽然依附理论极大地启发了60—80年代拉美史研究的理论取向，但它和方兴未艾的社会经济史量化研究却鲜有交集。

量化方法和依附理论的兴起，不仅折射出大萧条、两次世界大战和冷战的影响，而且反映出经济学作为专业领域的崛起。20世纪上半叶诸多根本的历史变迁共同作用，将世界经济推到社会科学研

---

① 对这方面文献的讨论，参见 William Ryan Wishart, "Underdeveloping Appalachia: Toward an Environmental Sociology of Extractive Economies," Ph.D. dissertation, University of Oregon, 2014。

第三章 经济与量化转向

究者和历史学者的视野中。在很多人看来，自1914年起震撼了整个世界并在二战期间达到高潮的一系列历史事件，标志着全球已经告别了大英帝国在一战前的百年中所主导的放任主义和自由贸易的意识形态，而总体转向自二战中浮现的、由美国经济与军事霸权所主宰的新国际秩序。大萧条和战争造成的人间惨剧，催生出一种全球性的政治经济，无论东方还是西方都开始强调有力的国家干预和庞大的政府支出（尤其是国防支出）。凯恩斯主义经济学成功"采取有力措施"，通过政府的赤字支出促进国民经济发展，这标志着经济学家地位上升，他们成了为政府献计献策的专家顾问。20世纪40年代到70年代长达三十年的经济扩张似乎确证了经济学和经济学家已经大获全胜，直到石油危机、通货膨胀、失业飙升和债务危机戳破了他们自我标榜为"科学"知识的乐观泡沫。回顾起来，60年代是史学界量化和经济史转向的最高点。到70年代，经济学和政治经济学都已经风光不再；不过进入21世纪，一场小规模的复苏还在等待着它们。

第四章

社会转向

拉丁美洲史研究最突出的特征之一是它的开放性，它吸收来自社会科学和人文学科的影响，并与之保持对话。特别是20世纪60年代以来，人类学、社会学、政治学、经济学、文学分析与文化研究——最明显的几例——和史学研究相互交融，并持续影响着拉丁美洲史学者。从很多方面来说，在学科营垒分化较北大西洋国家为迟的拉丁美洲，学科之间的相互滋养更为引人注目。一些划时代的拉美名著正是出自那些经常性忽视学科边界的知识巨匠之手，以60年代以前问世的作品最为典型。经济学家的影响促成了60—70年代的"量化时刻"与经济史转向，除此之外，60年代以来社会学家和人类学家同样深刻启迪了拉美史学者。学者们将目光从外交活动、高层政治、军事史和精英转向奴隶、农民、印第安人、女性和其他的非精英群体，正是这种社会史转向的反映。尽管社会史理应关照任何社会中的所有集团，从精英到大众概不例外，但绝大多数20世纪晚期的社会史研究都将焦点放在非精英

群体身上。①

关于奴隶制、废奴运动和种族关系的比较研究

受到量化和社会史浪潮改造的最重要的研究领域是奴隶制、废奴运动和种族关系。这些领域在美洲跨国比较研究方面具有最为悠久的传统。数十年来,西半球内部的对话将美国、加勒比和巴西在这一领域的学者联接起来,这三个地区曾是美洲最大的奴隶制社会。二战以后,这种对话进一步增强。1944 年,吉尔贝托·弗莱雷对巴西奴隶制的经典研究(1933)被翻译成英文,题为《主人与奴隶:对巴西文明发展的研究》(The Masters and the Slaves: A Study in the Development of Brazilian Civilization),但至少在此前十年,他的作品已经开始对美国学者(特别是人类学者)产生影响。1946 年,哥伦比亚大学的社会学家弗兰克·坦南鲍姆推出了精炼(但影响巨大)的作品《奴隶与公民:美洲的黑人》(Slave and Citizen: The Negro in the Americas),他在书中对美国、加勒比和巴西的奴隶社会做了比较(借鉴了弗莱雷的著作)。

这两本经典著作都出自一种基于阐释性分析、制度、法律与宗教的社会科学传统,而卡尔·德格勒的《非黑非白:巴西与美国的奴隶制与种族关系》(Carl Degler, *Neither Black Nor White: Slavery*

---

① 史学大家霍布斯鲍姆在社会史的高峰年代对社会转向做了绝妙的分析。参见 E. J. Hobsbawm, "From Social History to the History of Society," *Daedalus*, 100/1 (1971): 20–45。

第四章 社会转向

and Race Revolution in Brazil and the United States,1971）则反映了人口学的,或者更全面地说,新社会史的影响。德格勒（1921—2014）撰写该书时自觉地受到在其身侧已然初具规模的民权斗争影响。他是美国为数不多的学会阅读西班牙语和葡萄牙语文献并进行比较研究的历史学者之一。该书赢得了当时学界几乎所有的学术性奖项,还获得了普利策奖。尤金·吉诺维斯（Eugene Genovese,1930—2012）是 20 世纪最后几十年美国最出色的历史学者之一,他作为一个坚定的马克思主义者开始其学术生涯,晚年则日渐向保守和右翼立场转移。吉诺维斯同样掌握了拉美国家的母语阅读研究文献,创作出不朽的《流淌吧,约旦河:奴隶打造的世界》（*Roll, Jordan, Roll: The World the Slaves Made*,1972）。虽然这是一部仅研究美国奴隶制的作品,但吉诺维斯引用了大量的、真正来自整个美洲的文献,他运用马克思主义分析奴隶制,对拉丁美洲产生了根本的影响。吉诺维斯的研究还清晰地反映出学界关注点从精英（种植园主）转向奴隶,以及后者的影响和能动性。

奴隶制度存在于美洲各地,学者们也对拉丁美洲和加勒比地区各个部分的奴隶制有所研究,但绝大多数的研究文献都集中在三个规模最大的奴隶社会。1960 年后,随着巴西的大学开始（缓慢地）扩张,一群杰出的学者开始改造关于巴西奴隶制、废奴运动和种族关系的研究。最初,重要的史学贡献由少数美国的巴西史学者做出,但到 90 年代,大多数成果出自巴西学者之手（再自然不过）。圣保罗大学的马克思主义学者埃米莉亚·维奥蒂·达科斯塔（1928—

2017）的著作《从奴隶棚屋到移民社区》（Emilia Viotti da Costa, *Da senzala à colônia*, 1966）采用社会经济的分析方法，而不像此前的作品那样强调政治和意识形态，是本领域的一大转变。她的著作标志着学界关注点转向奴隶自己的能动性，尤其是在推进废奴运动（1888）的过程中的能动性。在巴西军政府的压力下，达科斯塔被迫流亡，于1973年前往耶鲁大学任教，直到1998年。在那里，她培养了数代美国历史学者，这些人撰写了很多关于拉美（以及美国）的重要著作。

20世纪晚期，由于世界随着交通和数字革命而日益缩小，欧洲、美国和拉美三大洲的学者们开始越来越频繁地互动，卡蒂亚·德·凯罗斯·马托佐（kátia de Queirós Mattoso，1931—2011）的学术轨迹清晰地反映出这一趋势。她在希腊出生，在瑞士和巴黎第四大学接受教育，50年代移居巴西并与巴西人成婚，最后定居萨尔瓦多并成为一名历史学教授。马托佐受到年鉴学派的深刻影响，她广泛地研究巴伊亚的历史，最后这几乎不可避免地使她开始关注巴西奴隶制的历史。马托佐出版的作品不仅对巴伊亚州的经济史领域，而且对巴西奴隶的社会与人口史都有开拓之功。1988年，她荣任巴黎第四大学的巴西史首席教授。《在巴西为奴：16—19世纪》（*Etre esclave au Brésil: XVIe-XIXe*）以一条清晰的社会史路径，对大量关于巴西奴隶制的新研究文献做了总结。她的著作推动了巴西的历史撰述从老派的散文式传统向更加严谨的、基于档案史料的量化方法转变。①

---

① João José Reis and Everton Sales Souza, "Kátia Mytilineou de Queirós Mattoso," *Afro-Ásia*, 48 (2013): 363–381.

第四章 社会转向

奴隶制、废奴运动和种族关系研究在 20 世纪 70 年代和 80 年代迅速兴起。莱斯利·贝瑟尔对巴西废除奴隶贸易的研究（1970）、罗伯特·康拉德和罗伯特·托普林对废除奴隶制的研究（1972），还有斯图尔特·施瓦茨对殖民时期巴伊亚甘蔗种植园社会的全面研究（1985），只是对英文著述之兴盛的少数几个反映。其中多数成果大量利用量化材料，尤其是种植园、公证处和法庭留下的地方记录。巴西历史学者若奥·若泽·雷伊斯在美国接受培养，是施瓦茨的学生，他对 19 世纪巴伊亚由穆斯林领导的一次奴隶起义（1987）进行了开创性的研究，为他此后完成的很多重要著作开了头。英国历史学者 A. J. R. 拉塞尔－伍德在约翰斯·霍普金斯大学任教多年，他同样大量依靠米纳斯吉拉斯州的地方材料，开始发表一系列的研究成果（1982）。[1] 其他的学者也研究了三大奴隶制社会之外的重要非裔居民社群，发表了重要的成果。[2]

加勒比地区的奴隶制和废奴运动研究也加快了步伐。西班牙人

---

[1] Leslie Bethell, *The Abolition of the Brazilian Slave Trade: Britain, Brazil, and the Slave Trade Question, 1807–1869* (Cambridge: Cambridge University Press, 1970); Robert Conrad, *The Destruction of Brazilian Slavery, 1850–1888* (Berkeley: University of California Press, 1972); Robert Brent Toplin, *The Abolition of Slavery in Brazil* (New York: Atheneum, 1972); Stuart B. Schwartz, *Sugar Plantations in the Formation of Brazilian Society, Bahia, 1550–1835* (Cambridge: Cambridge University Press, 1985); A. J. R. Russell-Wood, *The Black Man in Slavery and Freedom in Colonial Brazil* (New York: St. Martin's Press, 1982); João José Reis, Slave Rebellion in Brazil: *The Muslim Uprising of 1835 in Bahia*, trans. Arthur Brakel (Baltimore: Johns Hopkins University Press, 1993).

[2] Frederick P. Bowser, *The African Slave in Colonial Peru, 1524–1650* (Stanford, CA: Stanford University Press, 1974); Colin A. Palmer, *Slaves of the White God: Blacks in Colonial Mexico, 1570–1650* (Cambridge, MA: Harvard University Press, 1976).

在16世纪就征服了这个地区，到17、18世纪不得不面对来自英国、法国以及荷兰的步步蚕食。帝国争端使加勒比盆地在政治、语言和文化上各不相同，但这些岛屿却有着共同的种植园农业的社会经济模式。19世纪10年代到20年代的独立战争结束后，西班牙仍然设法保有了古巴、波多黎各和伊斯帕尼奥拉岛东部三分之二的地区。它丧失了对其他岛屿、中南美大陆地区的飞地（英属洪都拉斯以及法属、英属、荷属圭亚那）的控制。帝国列强在几乎所有岛屿上都发展种植园农业和奴隶劳动制度。加勒比地区的分裂和其他两大奴隶社会——英属北美13块殖民地／美国，以及巴西——的政治统一形成了鲜明对比。一名历史学者要想比较全面地研究加勒比地区，对多种语言及其文献的掌握必不可少。

政治和语言上的多样性还导致了不同的史学方法令人眼花缭乱地互相融合，因为来自英国、法国、美国和各岛屿的学者们相互训练、相互合作、相互辩论、相互启发。和其他地方的情况一样，一些最早的重要历史著作是在帝国和殖民时代由殖民者（主要为精英）撰写的。而和拉丁美洲的大多数地区不同，绝大多数的岛屿直到20世纪才获得独立。圣多明各爆发的大规模奴隶起义导致1804年海地独立，这是世界上第一个黑人共和国。在19世纪40年代之前，海地人侵入、征服并控制了岛屿的东半部分，而多米尼加共和国直到19世纪60年代才最终巩固其独立地位。古巴和波多黎各则仍处于西班牙的统治之下，直到1898年转归美国；在古巴，美国的占领持续到1902年，而波多黎各直到今天仍是美国的"未合并领土"。大多

第四章 社会转向

数英国、法国和荷兰的领地直到20世纪晚期才赢得独立地位。

17世纪非伊比利亚列强的进入和随后几个世纪各地不同的政治轨迹,凸显了界定拉丁美洲的困难。英、法、荷的属地算不算拉丁美洲的一部分?还是仅仅在这些敌对的帝国到来之前算?西班牙丧失了对这些领土的控制后,它们还属于拉丁美洲吗?为什么拉丁美洲包括了海地,但不包括瓜德罗普或者马提尼克(甚至魁北克)?即使上述地区都不再是拉丁美洲的一部分,它们仍然为我们提供了多种比较,既有加勒比地区的西属、英属、法属、荷属殖民地之间的比较,也有不同帝国属地间的比较。从很多方面讲,加勒比地区都提供了一系列可能性,让我们得以在数个世纪的跨度内,对不同的政治、语言、法律和文化体制下的奴隶制、废奴运动和种族关系进行比较研究。

同巴西和美国类似,1960年后,学术研究也见证了社会史和量化研究的兴起。随着对奴隶制的研究越来越聚焦于人口学数据——出生率、死亡率、预期寿命、死亡率、年龄结构,量化转向的趋势在整个地区都清晰可见。学者们愈发重视地方性的(而非宗主国的)档案——种植园、公证处、教区登记,试图越来越准确地做出关于奴隶贸易和奴隶社区物质条件的结论。富兰克林·奈特的《19世纪古巴的奴隶社会》(Franklin Knight, *Slave Society in Cuba during the Nineteenth Century*,1970)和肯尼思·基普尔的《殖民时期古巴的黑人,1774—1889》(Kenneth Kiple, *Blacks in Colonial Cuba, 1774—1889*,1976)是向量化研究转变的例子。赫伯特·克莱因的

《中部走廊：大西洋奴隶贸易比较研究》（Herbert Klein, *The Middle Passage Comparative Studies in the Atlantic Slave Trade*, 1978）是一个更大研究计划（持续数十年）的一部分，该计划旨在对长达三个多世纪的跨大西洋大规模奴隶贸易进行量化研究。瑞贝卡·J. 斯科特的《古巴奴隶的解放》（Rebecca J. Scott, *Slave Emancipation in Cuba*, 1985）和弗朗西斯科·斯卡拉诺的《波多黎各的蔗糖和奴隶制》（Francisco Scarano, *Sugar and Slavery in Puerto Rico*, 1984），是20世纪80年代关于奴隶制和废奴运动研究的两部关键代表作。这些学者中很多人受到古巴历史学家曼努埃尔·莫雷诺·弗拉西纳尔斯对18、19世纪甘蔗种植园体制的开创性研究的启发。① 这种社会史转向地方性材料、人口学和经济学方法，以及（在可能的情况下）特定的奴隶个人，开始为我们提供对奴隶社区生活细密的并且（有时是）底层的观察。

学界日益重视能动性，催生了许多研究奴隶社区内部反抗和起义的作品，比如理查德·普莱斯的《逃奴社会》（Richard Price, *Maroon Societies*, 1973）。到20世纪60年代，对于18世纪90年代的海地革命这场最为成功的奴隶起义，研究传统已经非常深厚了。特立尼达历史学者 C. L. R. 詹姆斯的经典之作《黑色雅各宾：杜桑·卢维杜尔与圣多明各革命》（C. L. R. James, *Black Jacobins: Toussaint L'Ouverture and the San Domingo Revolution*, 1938），在奴

---

① *The Sugarmill: The Socioeconomic Complex of Sugar in Cuba, 1760–1860*, trans. Cedric Belfrage (New York: Monthly Review Press, 1976). 该书西班牙文原版初版于1964年。莫雷诺·弗拉西纳尔斯20世纪40年代在墨西哥研习，是西尔维奥·萨瓦拉的学生。

第四章 社会转向

隶反抗研究风行以前数十年就已问世。17世纪法国开始在伊斯帕尼奥拉岛西部建立据点后，与该岛的西班牙一侧长期而复杂的关系就开始了，并持续至今。这部由一位来自英属加勒比的说英语的学者撰写的研究法国殖民地的开创性著作显示了加勒比地区多语种的、多文化的、跨国的复杂性，及其与拉美史领域的关系。《资本主义与奴隶制度》(*Capitalism and Slavery*，1944) 出自一位特立尼达人埃里克·威廉斯（Eric Williams）之手，同样是一本里程碑式的著作，其影响跨越了地理区划的狭隘边界。威廉斯（随后担任特立尼达的第一任总理）在加勒比的奴隶种植园经济和英国资本主义的兴起之间发现了直接联系。他的作品启发了无数对奴隶制和经济史的研究，在加勒比地区尤甚。上述两本著作从初版至今几十年来一直在不断地重印。

原住民族

社会史转向关注非精英群体，还催生出大量研究美洲原住民的文献资料，其规模不断扩张。在美国，两部重量级的著作对所谓民族史领域贡献深远，框定了一个研究规模剧增、成果复杂精练的时期：查尔斯·吉布森的《西班牙统治下的阿兹特克人》(1964) 和詹姆斯·洛克哈特的《征服后的纳瓦人》(1992)。① 第二章已经提及，

---

① Charles Gibson, *The Aztecs under Spanish Rule: A History of the Indians of the Valley of Mexico, 1519–1810* (Stanford, CA: Stanford University Press, 1964); James Lockhart, *The Nahuas after the Conquest: A Social and Cultural History of the Indians of Central Mexico, Sixteenth through Eighteenth Centuries* (Stanford, CA: Stanford University Press, 1992).

吉布森对学界的贡献始于50年代他在耶鲁大学的博士论文。尽管他的著作极富远见，吉布森使用的主要史料仍然是征服者提供的文献（用西班牙文写成），而非被征服者的材料（既有西班牙语的，也有用土著语言写就的）。随着学界注意到地方性的原住民史料，民族史学者的工作将会被革命性地改造。

从20世纪70年代开始，詹姆斯·洛克哈特（1933—2014）改造了西属美洲的殖民史研究，任何人的成就都不能与之比肩。洛克哈特本科专业是比较文学，他最开始研究的是征服者，最后却写作被征服者的历史。他做出了两大有助于改变该领域本质的基础性贡献——积极地推动使用西班牙人留下的地方性的公证处记录，并最终转向使用墨西哥中部印第安人用纳瓦语写下的地方史料。洛克哈特的《西属秘鲁》（*Spanish Peru*，1968）运用公证记录去重构"社会群类"（social types）；1972年，他推出了《卡哈马尔卡之人》（*The Men of Cajamarca*），一本秘鲁征服者的集体传记。此后，他的注意力转向墨西哥和印第安人研究。他自学了纳瓦语（阿兹特克人，或者更准确地说是纳瓦人的语言），指导数代历史学者使用纳瓦语史料，并且从他所使用的社会群类术语出发，创造出一种注重细节、实证导向的历史写作方式。从很多方面来看，洛克哈特和他的学生们构成了沟通新旧史学的桥梁。他们仍然遵循着早几代学者传记性的、实证的史学传统，但对西班牙精英、制度或帝国体制却兴趣寡然。他们的方法仍然主要依赖于对语言文字及其历史演变的掌握，在这一点上是传统的；但他们转向美洲土著民族的语言（"新语文学"，New Philology），在

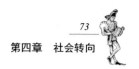

第四章 社会转向

这一点上又是革新的。他们的研究方法偏于地方化、碎片化，偶尔自觉地反对理论建构。

原住民史研究反映出研究拉美的人类学者和历史学者之间的长期对话。尤其在中部美洲和安第斯山区，人类学家积累起社区研究的传统，并培养出对那些在田野调查中发现的当代文化与社会实践的历史根源进行探究的兴趣。20世纪20年代以来，在中部美洲开展研究的墨西哥和美国人类学家开始在众多的原住民群体间建立起深厚的田野调查传统。罗伯特·雷德菲尔德（Robert Redfield，1897—1958）、索尔·塔克斯（Sol Tax，1970—1995）、乔治·福斯特（George Foster，1913—2006）和琼·纳什（June Nash，1927—2019）等美国人类学家长期开展田野研究，撰写了大量著作，并培养出数代研究生。墨西哥的贡萨洛·阿吉雷·贝尔特兰（Gonzalo Aguirre Beltrán，1908—1996）、维格贝托·希梅内斯·莫雷诺（Wigberto Jiménez Moreno，1909—1985）、曼努埃尔·加米奥（Manuel Gamio，1883—1960）和米格尔·莱昂-波蒂利亚（Miguel León-Portilla，1926—2019）将学界视野引向土著民族的历史与现实。美国民族史学会（American Society for Ethnohistory）的成立是上述转变一个非常有力的标志性事件。该组织在二战后便出现，60年代中期采用"民族史"这一术语。

伯克利学派对殖民时期墨西哥的人口学分析构成了上述研究的先声。实际上，一些历史学者将注意力转向1492年以前的美洲原住民族及其历史，特别是阿兹特克人和印加人，他们的研究也就和考古学家的工作声气相通。在墨西哥,佩德罗·卡拉斯科·比萨纳(Pedro Carrasco Pizana,1921—2012)和爱德华多·马托斯·莫克特苏马(Eduardo Matos Moctezuma,1940年生人)对与欧洲人接触前中部墨西哥的研究,再现了西班牙人到来前墨西哥谷地诸民族的历史(前拉丁美洲史?)。1960年以后的数十年间,关于墨西哥和安第斯山区土著民族的历史研究繁荣起来,研究时段囊括了征服前后各时期。杰出的澳大利亚历史学者因加·克伦丁嫩(Inga Clendinnen,1934—2016)对玛雅人和阿兹特克人的研究都是中部美洲研究的典范。南希·法里斯的作品《殖民统治下的玛雅社会》(Nancy Farriss, *Maya Society under Colonial Rule*,1985)反映了民族学、考古学的影响,其中可见吉布森的开创性研究的影子。该书的副标题是"共谋生存",书中展示了自土著社会和西班牙人社会首次接触以来,两者之间跨越三个世纪的复杂多变的互动,强调土著民族的能动性和抵抗。

安第斯山区吸引了一个真正具备国际规模的学者群体致力于征服前后各时期的土著社会的研究。约翰·V. 穆拉(1916—2006)是美籍乌克兰裔移民,曾参与西班牙内战(1936—1939),他在20世纪50年代开始发表关于印加人的开创性民族史著作。穆拉爬梳文献,证明安第斯地区存在复杂精密的贸易体系。内森·瓦克泰尔(生于1935年)曾在位于巴黎的法国社会科学高等研究院(由布罗代尔创建)担任院长,他撰写了影响巨大的《战败者的目光:印第安人眼中西班牙对秘鲁的征服(1530—1570)》。在秘鲁,富兰克林·皮斯

第四章　社会转向

（1939—1999）和路易斯·巴尔卡塞尔（1891—1987），和其他学者一道，确立了民族史研究的强大传统。在美国，20世纪80年代初，史蒂夫·斯特恩和弗洛伦西亚·马伦（两人都是埃米莉亚·维奥蒂·达科斯塔的学生）以关于秘鲁的力作开启了他们的学术生涯。他们在写作中重点关注印第安人和农民的能动性。斯特恩分析了征服对原住民社会产生的影响。卡伦·斯波尔丁的博士论文研究秘鲁瓦罗奇里省，是最早、最有影响的转向民族史研究的著作之一。①

农村史

纵观其历史进程，拉丁美洲在绝大多数时期都是以农村为主体的社会。在20世纪早期，整个地区85%到90%的人口仍在农村开展生产生活。大部分经济社会活动，无论是服务于地方和区域性消费还是海外市场的出口，都源自土地。因此，对农村各类制度

---

① John V. Murra, *The Economic Organization of the Inka State* (Greenwich, CT: JAI Press, 1980), 该书最初是他在芝加哥大学的博士毕业论文（1955）。Nathan Wachtel, *Vision of the Vanquished: The Spanish Conquest of Peru through Indian Eyes (1530–1570)*, trans. Ben Reynolds and Siân Reynolds (New York: Barnes & Noble, 1971), originally pubd as La Vision des vaincus: les Indiens du Pérou devant la conquête espagnol, 1530–1570 (Paris: Gallimard, 1971); Franklin Pease, *Los últimos Incas del Cuzco* (Lima: P. L. Villanueva, 1972); Luis Valcárcel, *Garcilaso el Inca: visto desde el ángulo indio* (Lima: Imprenta del Museo Nacional, 1939); Steve J. Stern, *Peru's Indian Peoples and the Challenge of the Spanish Conquest: Huamanga to 1640* (Madison: University of Wisconsin Press, 1982); Florencia Mallon, *The Defense of Community in Peru's Central Highlands: Peasant Struggle and Capitalist Transition, 1860–1940* (Princeton, NJ: Princeton University Press, 1983); Karen Spalding, *Huarochirí: A Colonial Province under Inca and Spanish Rule* (Stanford, CA: Stanford University Press, 1984), 该书基于她在加州大学伯克利分校的博士毕业论文（1967）。

与人口的研究一直是历史学的主要关切。随着核心区——加勒比、中部美洲和安第斯地区——被征服，西班牙王室建立了委托监护制（encomienda）以开展被征服土地的分配工作。委托监护制，即将土地的**使用权**和土地上的劳动力授予委托监护主，而后者则同意主持监护地内印第安人的传教改宗工作，缴纳税赋，并保护领土。在随后的年代里，来自西班牙的新移民涌入，将新一轮的征服从核心推向外围，以寻找和控制新的土地。到 16 世纪下半叶，土著人口的锐减迫使王室转向新的制度形式劳役摊派制（repartimiento，西班牙文动词 repartir 即指分摊、分配）——将印第安劳工摊派给西班牙地主。在巴西，葡萄牙王室将规模巨大的地产（sesmarias）授予早期殖民定居者。这些 16 世纪的制度为后世的土地所有制奠定了基础——小部分有权势的人（通常是欧裔）占据大地产以及土地上的（非欧裔）劳动者。这种所有制结构将在西属和葡属美洲绝大部分地区占据统治地位，直到进入 20 世纪都是如此。大地产，被称为大牧场（estancias）、大庄园（haciendas）、种植园（plantations）、农庄（fincas）——以及很多其他名称，数个世纪以来一直是史学研究的主要关注点之一。

20 世纪 60 年代发生社会转向之前，大地产研究的主要路径是制度和法律。学界倾向于自上而下地、从管理者的视角展开研究。法国历史学者弗朗索瓦·舍瓦利耶（布罗代尔的学生）的经典贡献是对墨西哥大地产制形成的研究（1952），这部早期著作（又是在年鉴学派的影响下）以大量一手档案为基础，重新构建出诸多庄

第四章 社会转向

园跨越多个世纪的形成过程。在舍瓦利耶看来，这些大地产成型于殖民征服、族长式庄园主的崛起，认为土著人口的锐减和银矿开采业的衰落使这些地产趋于内向经营，变得更加自给自足，面向地方和区域性市场。正如埃里克·范·杨所指出的，"舍瓦利耶的出色研究大放异彩的时期相对较短，大概在 1965 年至 1985 年间"。① 从20 世纪 50 年代到 80 年代，学者们激烈地争辩这些大地产以及出口导向的种植园（如蔗糖、咖啡种植园）是封建的还是资本主义的。到 60 年代，这一论争蕴含了更大的政治意义。对于左派和反帝国主义者来说，这一论争提出了一个根本性的问题：如果拉丁美洲从未经历过完全形态的资本主义，那怎么能够在这里推动一场社会主义革命？

这场论辩很大程度上围绕着土地上的劳动制度问题展开。在中部美洲和安第斯地区，劳动力的主体是通过用法律机制强迫原住民人口劳动而得来的，比如劳役摊派制及其在安第斯的延续"米达制"（mita）。在上秘鲁（今玻利维亚）的波托西，大规模银矿采掘所使用的劳役轮调体系（米达制）在地域上覆盖了安第斯山区大部，其剥削性极为残酷。而在加勒比和巴西以出口为导向的种植园里，劳动力的主体由非洲奴隶构成。社会史转向催生出许多对大地产、劳

---

① Eric Van Young, "Rural History," in José Moya, ed., *The Oxford Handbook of Latin American History* (New York: Oxford University Press, 2010), p. 313; François Chevalier, *La Formation des grands domains au Mexique: terre et société aux XVIe–XVIIe siècles* (Paris: Université de Paris, Institut d'Ethnologie, 1952); *Land and Society in Colonial Mexico: The Great Hacienda*, ed. Leslie B. Simpson, trans. Alvin Eustis (Berkeley: University of California Press, 1966).

动力以及地方社会的研究,提供了更为微观的画面。正如奴隶制研究的革命为奴隶制社会的生活绘就了一幅更加微妙的画卷一样,这些关于农村社会的研究大大扩展了我们对庄园生活、庄园经济及其劳工的理解。①

1960年后,人类学的影响再次发挥了关键作用。除了社区研究,特别是关于中部美洲和安第斯地区的成果不断增加外,历史学者和人类学者将他们的注意力转向农民社会的历史演变。从字面上来看,农民是"土地上的人",西班牙语、葡萄牙语为campesinos/camponeses。在美国,农民与社区研究学派的繁荣,至少可以追溯到芝加哥大学的传奇人类学家罗伯特·雷德菲尔德于20世纪20年代到30年代在墨西哥的工作。到20世纪60、70年代,名满天下的人类学家埃里克·沃尔夫(1923—1999)积极推动,促使学界开始热烈地讨论"农民"本身的定义以及农村社会的动力问题。沃尔夫关注文化与权力。他的《20世纪的农民战争》(1969)极大地影响

---

① 兹举数例:William B. Taylor, *Landlord and Peasant in Colonial Oaxaca* (Stanford, CA: Stanford University Press, 1972); Marcelo Carmagnani, *Los mecanismos de la vida económica en una sociedad colonial: Chile, 1680–1880* (Santiago: Centro de Investigaciones Diego Barros Arana, 1973); Eric Van Young, *Hacienda and Market in Eighteenth Century Mexico: The Rural Economy of the Guadalajara Region, 1675–1820* (Berkeley: University of California Press, 1981); Carlos Sempat Assadourian, *El sistema de la economía colonial: mercado interno, regions y espacio económico* (Lima: Instituto de Estudios Peruanos, 1982); Juan Carlos Garavaglia and Jorge D. Gelman, "Rural History of the Río de la Plata," in Raúl Fradkin, ed., *La historia agraria del Río de la Plata colonial: los establecimientos productivos*, 2 vols (Buenos Aires: Centro Editorial de América Latina, 1993), Vol. 1, pp. 7–44。

第四章　社会转向

了关于农村劳动力问题，以及在拉丁美洲乃至整个第三世界开展社会变革的可能性的讨论。他最著名的作品《欧洲与没有历史的人》（1982）象征着学界抛开征服者和精英群体，转向研究诸如印第安人、奴隶和农民一类的非精英群体。墨西哥人类学家鲁道夫·斯塔文哈根（1932—2016）是1960年后另一位成就令人瞩目的学者，他对拉丁美洲农村人口和社会的研究影响甚巨。斯塔文哈根生于一个犹太家庭（沃尔夫也一样），30年代举家逃离纳粹迫害。他在芝加哥大学、墨西哥国立自治大学和巴黎大学接受教育，是一位真正具有世界背景的学者。[1]

在所有关于农民的著作中，最著名的可能是小约翰·沃马克的《萨帕塔与墨西哥革命》（1968）。将农民与土地置于革命起义的核心，沃马克描绘了一个富于个人魅力的革命烈士萨帕塔的形象，以及一幅"安土重迁因而投身革命"的农村人群像。围绕着农村劳动力和农村社会的本质问题出现了大量争论。这些人的决定性特征有哪些？他们在多大程度上是自给自足的，又在多大程度上参与到更宏观的拉丁美洲经济社会体系中？他们生性保守，还是生来就是一股革命力量？斯图尔特·施瓦茨的著作《奴隶、农民与叛乱分子》敏锐地总结了1990年以前历史学撰述的发展趋势与焦

---

[1] Eric R. Wolf, *Peasant Wars of the Twentieth Century* (New York: Harper & Row, 1969), *Europe and the People without History* (Berkeley: University of California Press, 1982), and *Peasants* (Englewood Cliffs, NJ: Prentice-Hall, 1966); Rodolfo Stavenhagen, *Agrarian Problems and Peasant Movements in Latin America* (Garden City, NY: Doubleday, 1970).

点转变——尤其是转向农业工人及其家庭的生活、他们的能动性和对权势者的抵抗。在 70 年代到 80 年代，西罗·卡多索基于他在中美洲、墨西哥和巴西的多年工作经验对上述许多问题做了阐述。他的阐释有深刻的理论色彩，主要出自他在法国所受研究生训练的启发。①

矿工、商人与城市工人

拉丁美洲的金银矿构成了一种特殊类型的大地产。在矿场上，不自由的印第安人劳工和非洲奴隶并不像在农场和牧场一样生产基于土地的各类产品，而是在极其恶劣的条件下从地球深处大规模开采金银。虽然欧洲征服者在美洲很多地区都发现了贵金属矿藏，但在殖民地时期，墨西哥北部和上秘鲁（今玻利维亚）的银矿，以及巴西东南部的金矿才是精英们巨量资财的主要来源，同时也成为西班牙和葡萄牙帝国的经济引擎。金银矿与许多农业地产的不同之处还在于它们的所在地（偶尔）会成为重要的中心城市。位于上秘鲁的波托西（举一个最极端的例子）可能是 17 世纪整个美洲最大的城市，从以里科山（Cerro Rico，意为"富饶之山"）著称的银山周边自发地兴起。在 19 世纪之前，矿业，特别是银矿，是美洲创造财富

---

① John Womack, Jr., *Zapata and the Mexican Revolution* (New York: Random House, 1968), p. ix; Stuart B. Schwartz, *Slaves, Peasants, and Rebels: Reconsidering Brazilian Slavery* (Urbana: University of Illinois Press, 1992); Ciro F. S. Cardoso, *Escravo ou camponês: o protocampesinato negro nas Américas* (São Paulo: Brasiliense, 1987).

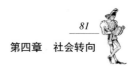

第四章 社会转向

最多的产业。①

作为西班牙帝国的生命线,白银开采自殖民时期以来就一直是历史书写的一个焦点。在社会转向之前,学界倾向于从行政或经济的视角来研究这个问题。汉密尔顿对白银流入欧洲的研究是在利用西班牙宗主国文献方面的经典例子。罗伯特·C.韦斯特是一名地理学家,20世纪30年代在伯克利接受培养,他在拉美史的繁荣局面出现之前就对墨西哥北部的银矿城镇和哥伦比亚的金矿开采进行了开创性的研究。60年代以来,拉丁美洲、美国和欧洲的学者运用宗主国、各美洲国家和地方的档案,对西属美洲采矿业进行了越发成熟精致的研究。戴维·布拉丁的《波旁时期墨西哥的矿工与商人,1763—1810》(David Brading, *Miners and Merchants in Bourbon Mexico, 1763—1810*, 1971)——以藏于塞维利亚、马德里、墨西哥城和瓜纳华托等多地的档案为基础——再现了墨西哥北部银矿区的劳工、商人和跨大西洋经济体系相互交织的复杂世界。彼得·贝克韦尔的《红山矿工》(Peter Bakewell, *Miners of the Red Mountain*, 1984)将重心放在印第安劳工身上,是最为出类拔萃的关于波托西的研究之一。阿根廷历史学家恩里克·坦德特尔(鲁杰罗·罗马诺在巴黎的学生)借鉴此前三十年的丰富研究,撰写了《强制与市场》

---

① Kris Lane, Potosí: *The Silver City that Changed the World* (Berkeley: University of California Press, 2019); Peter Bakewell, *Silver and Entrepreneurship in Seventeenth-Century Potosí: The Life and Times of Antonio López de Quiroga* (Albuquerque: University of New Mexico Press, 1988).

（1993），高度精妙地分析了波托西延伸到西属南美大部分地区的影响。①

自16世纪中期起，新西班牙和秘鲁的银矿开采就在很大程度上开展资本集中型的工业经营，并以地下作业为主；而金矿和钻石开采则晚至18世纪才在巴西兴起，到19世纪就已大体衰落了。除了极少数例外，金矿和钻石开采主要涉及地表的水力学作业，很少有类似于西属美洲各银矿中心的地下矿场。大部分的淘金作业都以淘洗、分流、浅埋暗挖为主要特征。黄金矿场起落更为迅速，这一特质使其在地方和帝国层级的机构中留下的记载相对更少。因此，对巴西金矿和钻石矿的研究聚焦于18世纪，主要关注奴隶劳工和金矿开采对巴西、葡萄牙和大西洋世界的经济影响。伟大的英国历史学家查尔斯·鲍克瑟（谟区查）出版了《巴西的黄金时代，1695—1750》，奠定了同类著作的"金本位制"。尽管他的学术生涯并非正统，接受的学术训练也颇为老派，但鲍克瑟的著作传播很广，预示着将来社会史和经济史的繁荣。米纳斯吉拉斯是18世纪到19世纪美洲奴隶劳工规模最大的集聚中心，这使得对该地的历史研究稳步增加，愈发丰富，但相关的学者主要还是对奴隶制而非矿业感兴趣。金矿区启发了不胜枚举的精彩研究成果，其中处处可见奴隶

---

① Robert C. West, *The Mining Community in Northern New Spain: The Parral Mining District* (Berkeley: University of California Press, 1949); Enrique Tandeter, *Coercion and Market: Silver Mining in Colonial Potosí, 1692–1826* (Albuquerque: University of New Mexico Press, 1993), originally pubd as *Coacción y mercado: la minería de la plata en el Potosí colonial, 1692–1826* (Cusco: Centro de Estudios Regionales Andinos, "Bartolomé de las Casas", 1992).

第四章　社会转向

制比较研究、人口史、社会史和年鉴学派对巴西学界的影响。劳拉·德·梅洛－索萨的研究聚焦那些在遍地财富中辛勤工作却一贫如洗的劳苦大众，便是上述成果中出色的范例。①

除了有权有势的地主之外，商人也是拉丁美洲财力最雄厚、权势最显赫的人群之一，最富有的大商人从事长距离贸易，特别是跨大西洋贸易。就算拉美地区在进入20世纪以后已经越来越摆脱乡村面貌而趋向城市化，这种模式仍然普遍存在。随着拉美国家逐渐走向工业化（在巴西、墨西哥和阿根廷最为显著），大地产和大地主仍然扮演着重要角色，但主要人口已经从乡村迁往方兴未艾的城市（1940年后尤其如此）。农民大军的规模缩水了，而城市工人和贫民则如雨后春笋般发展壮大。20世纪下半期，精英阶层逐渐多样化，除了地主和商人外，还包括了银行家、金融家、公司管理层和工业主。中产阶级扩大了，社会结构更加多样复杂，正如我们在下一章将看到的那样。

商人中最受关注的是殖民地时期那些从事远距离贸易的人。在西属美洲，这些商人对于封闭的殖民贸易体系通常至关重要。多个世纪以来，在该体系下，殖民贸易仅准经由塞维利亚一港出入西班牙，而位于殖民地的关键港口则有哈瓦那、韦拉克鲁斯、卡塔赫纳、巴拿马、利马（卡亚俄）和智利的圣地亚哥。在葡萄牙帝国内

---

① Laura de Mello e Souza, *Desclassificados do ouro: a pobreza mineira no século XVIII* (Rio de Janeiro: Graal, 1983). 梅洛－索萨是巴西史学大家费尔南多·诺瓦伊斯的学生，在圣保罗大学任教多年，目前是巴黎大学索邦分校的讲席教授。

部,贸易体系同样排斥外国人,但呈现出更加全球化(也更易于渗透)的特点,从萨尔瓦多和里约热内卢一直延伸到非洲、印度洋和东亚。商人尤其愿意投身于奴隶、蔗糖、染料、金银和钻石贸易。同这一早期现代世界的其他行业一样,商人们拥有自己的行会,以维护自身利益。20世纪最初的一些学术研究就关注这些机构了。60年代以来,学者们深度挖掘这些贸易参与人的集体传记,特别是那些位于主要港口和人口中心的商人。①

随着19世纪早期拉美大多数地区获得独立,旧的重商主义体系崩溃了,拉丁美洲向世界各国打开了国际贸易的大门,不过在实践层面,"各国"主要是指大不列颠和美国。外国资本、技术、专家和企业的涌入改变了本地区的社会面貌,但变革的到来仍十分缓慢、断断续续。19世纪20年代,外国投资的短暂泡沫破灭,大部分地区在此后数十年内一直面临着内部冲突和重建秩序的问题。过去半个世纪中,大量的研究文献都在争论独立的政治影响(它是真正的分水岭,还是仅仅换人不换马?)、拉丁美洲对国际经济体系的融入(在大多数国家,这直到1870年之后才发生),以及哪些人从新民族国

---

① John Kicza, *Colonial Entrepreneurs, Families and Business in Bourbon Mexico City* (Albuquerque: University of New Mexico Press, 1983); A. J. R. Russell-Wood, *Fidalgos and Philanthropists: The Santa Casa da Misericórdia of Bahia, 1550–1755* (Berkeley: University of California Press, 1968); Susan M. Socolow, *The Merchants of Buenos Aires, 1778–1810: Family and Commerce* (Cambridge: Cambridge University Press, 1978); Ralph Lee Woodward, Jr., *Class Privilege and Economic Development: The Consulado de Comercio of Guatemala, 1793–1871* (Chapel Hill: University of North Carolina Press, 1966).

第四章 社会转向

家的诞生中获益（不是原住民和农民大众）。直到 20 世纪 90 年代，大部分的社会史研究并不关注独立进程中的英雄人物（这是 60 年代之前学术研究的核心关切），而是聚焦于独立和国家构建对非精英群体的影响。①

受依附理论影响，许多学者强调"外部联系"和外国商业利益的力量，特别是在对 1870 年以后的研究中。他们追踪新精英的崛起，以及这些转变对印第安人、奴隶和混血大众有何影响。在宏观层面上，外国资本，特别是其投资、贸易、技术和利润率的水平受到大量关注。奇怪的是，尽管学界强调外国资本对拉丁美洲的负面作用，却很少有学者选择去具体研究外国企业和企业家。这一企业史的次领域（无论是国内还是国外）直到 20 世纪末仍然非常不起眼。学界反精英和反外国的倾向催生了许多对非精英群体的研究，但其中很少有人将探讨该地区的欠发达状态和社会不平等鸿沟的固化作为自己的学术责任。②

---

① John Lynch, *The Spanish American Revolutions, 1808–1826* (2nd rev. edn, New York: W. W. Norton, 1986); Jay Kinsbruner, *Independence in Spanish America: Civil Wars, Revolution, and Underdevelopment* (Albuquerque: University of New Mexico Press, 1994); Jaime Rodríguez O., *The Independence of Spanish America* (Cambridge: Cambridge University Press, 1998).

② D. C. M. Platt, *Business Imperialism, 1840–1930: An Inquiry Based on British Experience in Latin America* (Oxford: Clarendon Press, 1977); Marshall C. Eakin, *British Enterprise in Brazil: The St. John d'el Rey Mining Company and the Morro Velho Gold Mine, 1830–1960* (Durham, NC: Duke University Press, 1989); Carlos Dávila and Rory Miller, eds *Business History in Latin America: The Experience of Seven Countries*, trans. Garry Mills and Rory Miller (Liverpool: Liverpool University Press, 1999).

与对公司和经理人的研究相反,大批学者成群结队地转向对工人,尤其是城市工人的研究。回顾起来,1970—2000年是拉美劳工史的黄金时期。早期的研究绝大多数聚焦工会,这很好理解,因为工会的档案材料最为丰富,整理得也最为系统。我们已经看到,历史学者已经长期关注庄园、种植园和矿场内部的农村工人。早期工业化在19世纪兴起,进入20世纪后——尤其是1930年后——蓬勃发展,促使一个规模可观的城市工人阶级崛起,特别是在墨西哥、阿根廷和巴西。在这三个大国以及许多其他小国,主要的转变发生于1929年以后,越来越多的政府(受民众主义影响)创建劳工部并使创建工会合法化。许多早期研究倾向于认为30年代以来的"民众主义"(populist)政权(墨西哥的拉萨罗·卡德纳斯政权、阿根廷的胡安·庇隆政权和巴西的热图里奥·瓦加斯政权)对劳工运动进行同化和控制。① 民众主义领袖通常被描绘为操纵新兴城市大众的煽动家。② 到90年代,修正派学者做出回应,他们的研究展现了工人的能动性、工人在创建劳工组织结构的过程中所扮演的角色以及他们对政府控制的抵抗。早期的著作强调工会以及工会层面的斗争,而

---

① Francisco C. Weffort, *O populismo na política brasileira* (Rio de Janeiro: Paz e Terra, 1978); Michael Conniff, *Urban Politics in Brazil: The Rise of Populism, 1925–1945* (Pittsburgh: University of Pittsburgh Press, 1981); Gino Germani, *Authoritarianism, Fascism, and National Populism* (New Brunswick, NJ: Transaction Books, 1978).

② Pablo González Casanova, *Historia del movimiento obrero en América Latina* (Mexico City: Siglo Veintiuno, 1984–1985); Angela de Castro Gomes, *A invenção do trabalhismo* (Rio de Janeiro: IUEPRJ; São Paulo: Vértice, 1988).

第四章 社会转向

90 年代的新成果则愈发转而关注工人阶级的文化与自觉性。①

拉丁美洲劳工史的发展相较欧洲和美国比较落后。霍巴特·斯波尔丁影响巨大的综合性研究《拉丁美洲的有组织劳工》（Hobart Spalding, *Organized Labor in Latin America*，1977）和查尔斯·伯奎斯特的《拉丁美洲的劳工》（Charles Bergquist, *Labor in Latin America*，1986）是在不同国家间开展比较历史研究的早期里程碑式作品。正如詹姆斯·布伦南指出的，大概自 1990 年以来兴起的所谓新拉美劳工史"崇尚国家经验的多样性，并从历史和文化之中为劳工运动的不同轨迹找到解释"。② 独立之后半个世纪和近几十年的劳工史所受到的关注远远少于 19 世纪晚期到 20 世纪 60 年代。对 20 世纪初劳工运动的研究通常强调无政府主义者和社会主义者之间在早期工会运动中爆发的意识形态斗争。研究文献最多、最丰富的则是关于 20 世纪 30 年代到 60 年代之间的"民众主义时代"和 1970 年之后的所谓"新工会主义"（new unionism）。③ 在下一章中我们

---

① Emilia Viotti da Costa, "Experience versus Structures: New Tendencies in the History of Labor and the Working Class in Latin America – What Do We Gain? What Do We Lose?" *International Labor and Working-Class History*, 36 (1989): 3–24; Daniel James, *Resistance and Integration: Peronism and the Argentine Working Class, 1946–1976* (Cambridge: Cambridge University Press, 1988); John D. French, *The Brazilian Workers' ABC: Class Conflicts and Alliances in Modern São Paulo* (Chapel Hill: University of North Carolina Press, 1992).

② James P. Brennan, "Latin American Labor History," in Moya, ed., *The Oxford Handbook of Latin American History*, pp. 343–344.

③ 早期劳工运动，参见 Peter DeShazo, *Urban Workers and Labor Unions in Chile, 1902–1927* (Madison: University of Wisconsin Press, 1983); Boris Fausto, *Trabalho urbano e conflito social* (São Paulo: DIFEL, 1977); Sebastián Marotta, *El movimiento sindical argentino: su genesis y desarrollo*, 3 vols (Buenos Aires: Lacio, 1960)。

将会看到，随着20世纪90年代史学发生文化转向，学者们愈加注意研究工人的自觉性、话语和文化，而非工人生活的物质条件，后者在社会史年代长期居于统治地位。

妇女与性别

劳工史，正如20世纪末的社会史一样，同样愈发转向妇女、性别和性的历史（history of women, gender, and sexuality）[1]。在美国，一个世代的学者（主要由女性组成）撰写了一批关于拉丁美洲女性的著作。古巴裔美国历史学者亚松森·拉芙琳（Asunción Lavrin，1935年生人）是该领域的先驱之一。她在20世纪60年代到70年代的生平经历与职业轨迹在本领域内的妇女中很有代表性。她属于最早一批在哈佛大学获得博士学位的女性（1963），随后陪着丈夫从伯克利搬到芝加哥，又到华盛顿特区，此间她从事兼职教师、研究与写作，还要养育两个孩子。70年代，她终于在哈佛大学获得长聘教职，随后又在亚利桑那大学任教（1995—2007）。她研究墨西哥虔信妇女的早期著作参与开启了一个持续不辍的流派，直到半个世纪之后它仍在发展。20世纪70年代，她开始发表殖民地时期墨西哥女性的社会史研究，并最终扩展到西属美洲的其他地区。半个多世纪以来，拉芙琳出版了一系列重要的学术专著，也主编了一些重要著作。1970年后本领域

---

[1] John French and Daniel James, eds, *The Gendered Worlds of Latin American Women Workers: From Household and Factory to the Union Hall and Ballot Box* (Durham, NC: Duke University Press, 1997).

第四章 社会转向

女性学者人数的不断增长无疑刺激了对女性和性别史的研究兴趣。和更广阔的女性史领域一样，许多研究拉美的早期著作也努力向人们揭示作为历史能动者的女性。①

1960 年后，妇女运动和女性主义浪潮刺激了女性、家庭、性别和性历史的出现与发展。早期的许多作品聚焦于殖民地时期，尤其关注那些生平记载非常丰富的女性，比如修女和精英女性（例如，科尔特斯的情人堂娜玛丽娜或马琳切，还有 17 世纪墨西哥才华横溢的修女作家索尔·胡安娜·伊内斯·德拉克鲁斯）。学者们首先注意到已经整理完毕的修会档案、宗教裁判所档案和法律文件，这符合拉美史研究的一般模式。整体而言，一些早期的著作强调男性对女性的宰制、对女性选择空间的限制，以及对女性的剥削。过去的几十年，研究重点越来越细化，使用的材料更加丰富（特别是使用来自公证处和法庭的记录），以此再现非精英人群的生活情态，尤其是她们的能动性与反抗。②

到 20 世纪 80 年代，家庭、婚姻、阶级、种族以及非精英女性

---

① Roger Adelson, "Interview with Asunción Lavrin," *The Historian*, 61/1 (1998): 1–14.

② Ann M. Pescatello, *Power and Pawn: The Female in Iberian Families, Societies, and Cultures* (Westport, CT: Greenwood Press, 1976); Asunción Lavrin, ed., *Latin American Women: Historical Perspectives* (Westport, CT: Greenwood Press, 1978); Maria Beatriz Nizza da Silva, *Sistema de casamento no Brasil colonial* (São Paulo: Editora da Universidade de São Paulo, 1984); Alexandra Parma Cook and Noble David Cook, *Good Faith and Truthful Ignorance: A Case of Transatlantic Bigamy* (Durham, NC: Duke University Press, 1991); Sandra Lauderdale Graham, *House and Street: The Domestic World of Servants and Masters in Nineteenth-Century Rio de Janeiro* (Austin: University of Texas Press, 1992).

研究日益成为一门显学。历史学者撰写了大量关于原住民女性和女奴的著作。西尔维亚·阿罗姆和帕特里夏·锡德关于墨西哥的研究、唐娜·盖伊关于阿根廷的研究，以及贝蕾娜·马丁内斯－阿列尔（斯托尔克）关于古巴和巴西的研究都证明女性和性别史到80年代已经愈发精密成熟。① 这些早期著作通常还带有60年代到70年代人口史和量化趋势的影响，明显仍属于社会史潮流的范畴。拉丁美洲的学者撰写了大量丰富的著作，涉及妇女史诸方面，关注争取权利的斗争、女性在政治运动中的作用，以及各类女性角色，从妻子、母亲到妓女和工厂女工。

尽管随着交通和通信的发展，整个美洲的学术合作持续强化，但美国学者和拉美学者的学术兴趣与取向存在显著差别。美国的霸权、美国在拉美的干预以及最初两波女性主义风潮都深刻地影响了美国学界的女性史研究；而对拉美人而言，美国霸权往往带来的破坏性作用，连同几十年的威权主义，致使两个地区的历史学呈现出截然不同的发展轨迹。拉丁美洲的大部分作品关注女性在政治运动、革命斗争、反抗独裁，以及人权斗争中扮演的角色。尽管女性

---

① Silvia Arrom, *The Women of Mexico City, 1790–1857* (Stanford, CA: Stanford University Press, 1985); Patricia Seed, *To Love, Honor, and Obey in Colonial Mexico: Conflicts over Marriage Choice, 1574–1821* (Stanford, CA: Stanford University Press, 1988); Donna J. Guy, *Sex and Danger in Buenos Aires: Prostitution, Family, and Nation in Argentina* (Lincoln: University of Nebraska Press, 1991); Verena Martínez-Alier, *Marriage, Class, and Colour in Nineteenth Century Cuba: A Study of Racial Attitudes and Sexual Values in a Slave Society* (Cambridge: Cambridge University Press, 1974); Verena Stolcke, *Coffee Planters, Workers, and Wives: Class Conflict and Gender Relations on São Paulo Coffee Plantations, 1850–1980* (New York: St. Martin's Press, 1988).

第四章 社会转向

主义对拉美学界的研究取向有所影响,但大部分女性和性别史受法国理论家(福柯、德里达、克里斯蒂娃)的影响更大。马克思的影响仍然强劲,尽管表现为新的形式。①

一类非常重要的研究形式开始出现,并把许多具有不同学科背景的学者联系到一起,这就是口述史和"见证"文学。尽管很多不同学科和领域的学者对此进行了研究,但一个重要的分支是妇女,特别是非精英女性的故事。其中最具争议的证词(Testimonio)大概是《我,里戈韦尔塔·门楚,一名危地马拉的印第安女性》(*I, Rigoberta Menchu: An Indian Woman in Guatemala*, 1984),由门楚与委内瑞拉人类学家伊丽莎白·比尔戈斯-德布雷合作记录和编辑。玛格丽特·兰德尔对尼加拉瓜桑地诺民族解放阵线女性的访谈、莫埃马·维耶泽尔对一名嫁给玻利维亚矿工的政治活动家的采访,是这一重要题材中的代表性著作。丹尼尔·詹姆斯的《堂娜玛丽娜的故事》(2000)则是口述史学的一部杰作,并辅以对这一流派本身,及其重要性与局限性的深入探讨。②

---

① Heidi Tinsman, "A Paradigm of Our Own: Joan Scott and Latin American History," *American Historical Review*, 113/5 (2008): 1357–1374. 这是一项出色的研究。还可参见 Susan Socolow, "Women in Colonial Latin American History," and Elizabeth Quay Hutchinson, "Women in Modern Latin American History," *Oxford Bibliographies*, www.oxfordbibliographies.com [subscription required].

② Margaret Randall, *Sandino's Daughters: Testimonies of Nicaraguan Women in Struggle*, ed. Lynda Yanz (Vancouver: New Star, 1981); Domitila Barrios de Chungara with Moema Viezzer, *Let Me Speak! Testimony of Domitila, a Woman of the Bolivian Mines*, trans. Victoria Ortiz (New York: Monthly Review Press, 1978).

然而，正如下一章将要讨论的，20世纪80—90年代标志着一个转型，反映了专业内部的更宏大趋势——从妇女的历史转向性别与性的历史。同拉丁美洲史的其他领域一样，史学与社会科学的相互滋养将具有不同学科背景的学者联结到一起，在女性和性别研究领域结出硕果。

制度：新的视角

随着社会史崛起并确立主流地位，某些传统研究领域的重要性下降，有些则改换了全新的面貌。本领域中早年曾扮演重要角色的各项制度仍然受到关注，但是在量化趋势、社会史，以及（最终）文化转向的各种趋势的影响下，采纳了新的视角。这些转变趋势在天主教会和宗教研究中特别明显。① 无论是在伊比利亚世界，还是在拉丁美洲的创生和演变过程中，天主教会都是最有权势、影响面最广泛的机构之一，故而在该领域一经出现就受到特别的注意。传统的研究关注教会的制度、运作，及其神学。从20世纪60年代到90年代，我们可以观察到历史撰述出现了多重转向，有时甚至发生在同一位学者的学术生涯中。南希·法里斯（1938年生人）本是以一部研究殖民时期墨西哥的王室与教会关系的专著（1968）开启自己的学术生涯，随后转向中部美洲的民族史并做了开

---

① 有一篇优秀的史学史论文从大众宗教的角度观察该主题，参见 Reinaldo L. Román and Pamela Voekel, "Popular Religion in Latin American Historiography," in Moya, ed., *The Oxford Handbook of Latin American History*, pp. 454–487。

第四章　社会转向

创性的工作，包括一项对传教过程中教士和原住民之间翻译交流的细致研究。①

拉丁美洲的"精神征服"同样自该领域开始创建以来就是一个主要的研究题目。罗伯特·里卡德对墨西哥精神征服的经典研究（1933）是一项出色的早期成果（又是来自年鉴学派），该书主要从教士的角度出发想象传教过程，认为教士们"迅速而近乎全面地完成了对土著人口的基督教化"。②随着民族史在60年代兴起，原住民族、非裔拉美人和伊比利亚半岛人之间的文化碰撞和宗教互动过程吸引了许多杰出学者。相关研究主要证明了基督教化以及精神征服的不完全性。在过去的半个世纪中，研究的中心问题在于讨论精神征服本身的性质以及征服的后果：传教活动在多大程度上抹去了原住民和非洲裔人口的信仰（是为文化遗存问题），产生了混合文化（是为综摄、克里奥尔化、混合与互化问题），抑或促生新的宗教和信仰体系？甚至从一个更为宏观的视角来看，拉丁美洲也像欧洲或美国人所设想的那样经历了长期的社会世俗化过程吗？总之，在过去五个世纪中，宗教和宗教信仰的重要性有所减弱吗？数十年

---

① Nancy M. Farriss, *Crown and Clergy in Colonial Mexico, 1759–1821: The Crisis of Ecclesiastical Privilege* (London: Athlone, 1968); *Maya Society under Colonial Rule: The Collective Enterprise of Survival* (Princeton, NJ: Princeton University Press, 1984); *Tongues of Fire: Language and Evangelization in Colonial Mexico* (New York: Oxford University Press, 2018).

② Robert Ricard, *The Spiritual Conquest of Mexico: An Essay on the Apostolate and the Evangelizing Methods of the Mendicant Orders in New Spain: 1523–1572*, trans. Lesley Byrd Simpson (Berkeley: University of California Press, 1966 [French edn, 1933]). 引文来自 Román and Voekel, "Popular Religion in Latin American Historiography," p. 459。

来，卷入上述争论的既有历史学者、人类学者，也有研究宗教信仰的学者。

20世纪90年代以前的大多数研究反映了结构主义的影响，强调自征服以前的时代到19世纪乃至20世纪的信仰连续性。仅举几例，塞尔日·格鲁津斯基（1949年生人）在过去40年中接续了里卡德遗留的工作，推出了一系列重要著作，研究墨西哥传教活动和基督教化的多重复杂过程（因而延续了拉丁美洲史研究中悠久的法国传统）。他的研究强调信仰的混合性，即某种文化的"混血"。因加·克伦丁嫩对尤卡坦的玛雅人的精妙研究揭示了文化冲击的复杂性，指出今人对被征服者的世界观与文化的理解能力是多么局限。詹姆斯·洛克哈特的许多学生都深挖殖民时期的土著语言史料，相较于仅使用欧洲语言材料的早期学者，他们为我们提供了征服与文化碰撞更为全面的图景。①

虽然传统的政治史和军事史在这几十年风光不再，但学者们仍在继续产出精彩的政治和军事研究。20世纪80年代中美洲的内战，以及遍及整个地区的威权政府，刺激了新的研究。阿根廷政治学家

---

① Serge Gruzinski, *Man-Gods in the Mexican Highlands: Indian Power and Colonial Society, 1520–1800*, trans. Eileen Corrigan (Stanford, CA: Stanford University Press, 1989 [French edn 1985], and *The Mestizo Mind: The Intellectual Dynamics of Colonization and Globalization*, trans. Deke Dusinberre (New York: Routledge, 2002 [French edn, 1999]); Inga Clendinnen, *Ambivalent Conquests: Maya and Spaniard in the Yucatan, 1517–1570* (Cambridge: Cambridge University Press, 1987); Susan Schroeder, *Chimalpahin and the Kingdoms of Chalco* (Tucson: University of Arizona Press, 1991); Robert Haskett, *Indigenous Rulers: An Ethnohistory of Town Government in Colonial Cuernavaca* (Albuquerque: University of New Mexico Press, 1991).

第四章 社会转向

吉列尔莫·奥唐奈的开拓性力作《现代化与官僚威权主义》(Guillermo O'Donnell, *Modernization and Bureaucratic-Authoritarianism*, 1973)是最重要的著作之一,同一主题的著作有几十部,反映出围绕着拉美威权主义的性质和历史不同学科之间有着激烈的对话。中美洲的动乱一时也吸引了许多青年历史学者开展对该地区的研究,壮大了长期研究该地区历史的一支规模不大但具有献身精神的学者群体。詹姆斯·邓克利的《地峡的权力:一部中美洲政治史》(James Dunkerley, *Power in the Isthmus: A Political History of Central Amenica*, 1988)就是 1980 年以来中美洲史新作中的典范。

在社会转向发生后,制度史并未消失,但历史学者如今透过新的棱镜来审视各项制度:经济、集体传记(人物志)、法律的日常运作而非文本形态。一系列学者深入探究教会机构的经济基础,尤其是在修会的经济活动和财产情况方面为我们提供了更为详实的研究。[1]对各大修会和修士的研究更加成熟、精细,从制度研究转变为传记式的人物研究,考察社会群类、性别与传教的过程。威

---

[1] 在方法上更早也更为传统的范例有 Clarence H. Haring, *The Spanish Empire in America* (New York: Oxford University Press, [1947] 1985); John H. Parry, *The Audiencia of New Galicia in the Sixteenth Century: A Study in Spanish Colonial Government* (Cambridge: Cambridge University Press, 1948); and Arthur S. Aiton, *Antonio de Mendoza, First Viceroy of New Spain* (Durham, NC: Duke University Press, 1927)。更晚近的出版成果包括 Nicholas P. Cushner, *Lords of the Land: Sugar, Wine, and Jesuit Estates of Coastal Peru, 1600–1763* (Albany: State University of New York Press, 1980); and John Frederick Schwaller, *Origins of Church Wealth in Mexico: Ecclesiastical Revenues and Church Finances, 1523–1600* (Albuquerque: University of New Mexico Press, 1985)。

廉·泰勒的佳作《圣职地方官》(William Taylor, *Magistrates of the Sacred*, 1996)代表了此类作品的最高水平。

20 世纪 70 年代和 80 年代，历史学者受到社会史的启发，推出了一系列的殖民行政研究。最优秀的成果之一来自马克·伯克霍尔德和 D. S. 钱德勒两名学者，他们对 18 世纪波旁改革时期用半岛人官员替换土生白人这一非常陈旧的课题进行了量化分析。针对土生白人的长期制度性歧视向来被认为是 19 世纪初期拉美独立战争爆发的关键因素。在他们数据集的总表（包括 1687—1808 年间近 700 名检审庭官员）中，二人提供了精确的数字，展示了上述人事更迭的程度与时间期限。[1] 法制史（legal history）长期以来一直是拉丁美洲史最传统的研究领域之一，特别是在拉美国家。20 世纪晚期，历史学者的注意力从法律和法制理论转向研究法律在实践中是如何运作的。[2] 90 年代以来的文化史转向正是基于这些研究成果，同时又将它们指向新的方向。

---

[1] Mark Burkholder and D. S. Chandler, *From Impotence to Authority: The Spanish Crown and the American Audiencias, 1687–1808* (Columbia: University of Missouri Press, 1977).

[2] 采用传统方法的例子有 Lewis Hanke, *The Spanish Struggle for Justice in the Conquest of America* (Philadelphia: University of Pennsylvania Press, 1949); Silvio A. Zavala, *Las instituciones jurídicas en la conquista de América* (2nd edn, Mexico City: Editorial Porrúa, 1971); Marcel Bataillon and André Saint-Lu, *Las Casas et la défense des Indiens* (Paris: Julliard, 1971)。修正派学者的成果有 William B. Taylor, *Drinking, Homicide, and Rebellion in Colonial Mexican Villages* (Stanford, CA: Stanford University Press, 1979); Brian P. Owensby, *Empire of Law and Indian Justice in Colonial Mexico* (Stanford, CA: Stanford University Press, 2008); Rebecca Horn, *Post-conquest Coyoacan: Nahua–Spanish Relations in Central Mexico, 1519–1650* (Stanford, CA: Stanford University Press, 1997)。

第四章 社会转向

拉丁美洲史的建制化

到20世纪90年代,教科书、学术期刊和索引工具的数量激增,清晰地标志着美国的拉丁美洲史领域已经走向巩固与成熟。随着学生入学率的提高,以及在主要的大学中拉美课程的开设,对教科书的需求因此水涨船高。理查德·格拉汉姆题为《拉丁美洲的独立运动》(Richard Graham, *Independence in Latin America*, 1972年初版, 1994年修订版)的通论, 布拉德福德·伯恩斯的《拉丁美洲: 一部简明史》(1972年初版, 到2016年又增订了九版), 以及本杰明·基恩和马克·沃瑟曼的《拉丁美洲简史》(Benjamin Keen and Mark Wasserman, *Short History of Latin America*, 1980年初版, 此后多次增订)只是其中几例。到20世纪80年代, 美国学者对拉美殖民时期、19世纪与20世纪都开始创作综述性的历史, 这是学科专门化以及研究成果趋于充实的信号。在英国历史学者莱斯利·贝瑟尔(1937年生人)的出色编辑协调之下, 《剑桥拉丁美洲史》(*The Cambridge History of Latin America*, 十一卷的大部头项目, 直到2009年才最终完成)于70年代起上马, 此时贝瑟尔的代表作《拉丁美洲历史文献导论》(*Latin America: A Guide to the Historical Literature*, 1971)才出版不久。1992年创刊的《拉丁美洲殖民史评论》(*Colonial Latin American Historical Review*, 1992)跻身于功勋期刊《西班牙美洲历史评论》(1918)之侧, 为历史学者发表研究成果提供了一个重要的园地。

到20世纪90年代，在英国也构建了一个活跃、出色的拉美史学者共同体，尽管规模远逊于美国。除了牛津和剑桥，至少还有六所大学雇有拉美史学者，其绝大多数还有拉丁美洲研究中心。拉丁美洲学会（The Society for Latin American Studies，成立于1964年）有了自己的《公报》（Bulletin），质量极佳的《拉丁美洲研究杂志》（Journal of Latin American Studies，1969年创刊）也成为历史学和其他拉美研究领域学者的核心期刊。在欧洲大陆，法国延续着它（可追溯到20世纪初）的悠久传统，法国大学设有若干拉丁美洲史讲席。其他一些欧洲高校到90年代同样也常设拉美史研究职位。在拉丁美洲这个从未经历过拉美史学者短缺或是拉美史研究不足的地方，绝大多数国家的大学到90年代已经发展出完备的博士项目，稳定地培养出专业历史学者，充实到持续扩张的大学职位中。到20世纪末，拉美人已成为本领域绝大多数学术成果的贡献者。

20世纪70年代到80年代还标志着三大洲学者间互动进程的加快，因为不少拉美人在美国和欧洲（主要是英国和法国）接受研究生培养，美国和欧洲的学者作为研究者和教师也有更长的时间待在拉丁美洲。北方国家就业市场紧缩的后果之一是一些美国和欧洲的学者永久地移居于拉丁美洲，在拉美的大学担任职务并继续其学术生涯。21世纪初，新兴的数字革命和航空运输业的全球扩张将会从根本上改变不同地区学者之间的交往，折射出更为宏阔的世界性模式。虽然学术界变得越来越全球化，但国家学术共同体的轮廓变得更加清晰了。

第五章

文化和其他转向

世纪末（Fin de Siècle）

正如古巴革命、20世纪60—70年代的革命动荡以及石油危机构成了历史学者撰写拉丁美洲历史的全球背景那样，世界性的事件也影响着20世纪80年代后的历史书写。在拉美，20世纪70年代的石油震荡后，80年代初利率不断攀升，使该地区陷入了大规模的债务危机。拉丁美洲国家的政府发现自己无力偿还债务，国际银行关闭了新的信贷，几乎整个地区都经历了经济萎缩的"失去的十年"，只有20世纪30年代的大萧条可以与之相提并论。美国罗纳德·里根和英国玛格丽特·撒切尔的上台，开启了以新自由主义为主导的经济政策新时代，这是古典经济自由主义的一种新形式（在美国被称为保守经济学）。在经历了半个世纪的政府干预主义、通过进口替代工业化实现的"内向型增长"和贸易保护主义之后，几乎整个拉丁美洲（以及世界上大部分地区）都朝着缩减政府规模、减少公

共开支、消除贸易壁垒和创造更开放市场的方向发展。全球化和新自由主义成为新时代的关键词。在拉丁美洲，奥古斯托·皮诺切特（Augusto Pinochet）将军威权政体下的智利，通过急剧地减少贸易和金融壁垒，同时将大多数国家控制的企业和机构（如社会保障机构）私有化，走向极端，创造了世界上最开放的经济体之一。在光谱的另一端，古巴仍然是拉丁美洲最为封闭和国家主义的经济体。大多数国家处于这两个极端之间。

具有讽刺意味的是，与债务危机和新自由主义转向的痛苦变革相伴随的，正是拉丁美洲历史上最广泛的民主化浪潮。到1973年10月，除了哥斯达黎加、哥伦比亚和委内瑞拉（以及墨西哥的"一党制下的民主"），几乎所有拉丁美洲国家都陷入了某种形式的军事或威权统治。在20世纪80年代和90年代，几乎所有这些镇压性的体制基本上都让位于某种形式的选举政治，尽管存在缺陷。随着20世纪90年代桑地诺主义者在尼加拉瓜选举中的失败，以及此后不久苏联的解体，始于20世纪50年代的左派革命动荡周期结束了。在这个现在看上去过于天真的兴奋和乐观的时刻，许多评论家宣布社会主义结束、资本主义胜利，以及一个新的世界秩序——只有美国一个超级大国——诞生。对这些评论家来说，民主、资本主义与和平，已经从五十年的冷战中胜利地诞生了。随着中美洲内战的结束，拉丁美洲似乎从大多数美国公众的视野中消失了，在2001年9月11日之后更甚，因为美国把注意力转向了中东地区。

右翼军事体制的结束、有缺陷的民主化、新自由主义经济以及

第五章　文化和其他转向

革命性的社会主义的突然消失，构成了 20 世纪 80 年代至 21 世纪头十年拉丁美洲历史写作的背景。这些全球事件引起了人们对 20 世纪 60 年代出现的旧的地区研究进路的反思。对一些左派学者来说，地区研究是在冷战中出现的，是由美国政府努力指导和引导的，因此他们呼吁摒弃这种研究。许多社会科学学者批评地区研究是全球化世界中知识生产的一个过时的障碍。他们主张放弃对地区的研究，转向可应用于全球的大主题。这种方法论上的转变深刻地影响了研究机会，因为资金从区域研究转向跨区域的专题研究。对于传统上以对地域的深入了解为基础的历史学者来说，对全球跨区域主题的强调减少了他们受资助的机会。①

在英国，撒切尔的新自由主义对大学造成了严重的冲击，因为它们面临着预算削减和收缩。对于拉丁美洲研究来说，这意味着研究中心数量的减少、研究中心的合并，以及职位数量的减少。随着在 20 世纪 60、70 年代接受培养的学者纷纷退休，他们中许多人没有继任，代际转变出现了。在美国，直到 2008—2009 年的大衰退使大学里年轻学者的职位急剧减少以前，拉丁美洲历史领域仍然很小（在更大的专业范围内），但很稳定。在拉丁美洲，总的来说，20 世纪 90 年代和 21 世纪初是大学、研究生项目和博士学位授予逐步增

---

① David Szanton, ed., *The Politics of Knowledge: Area Studies and the Disciplines* (Berkeley: University of California Press, 2004), esp. Paul W. Drake and Lisa Hilbink, "Latin American Studies: Theory and Practice," pp. 34–73; and Sonia Álvarez, Arturo Arias, and Charles Hale, "Re-visioning Latin American Studies," *Cultural Anthropology*, 26/2 (2011): 225–246.

多的年份,直到经济大衰退。

文化转向?

正如社会史在20世纪60年代至80年代期间占主导地位一样,文化史在80年代兴起,到90年代成为拉美史领域最重要的进路。与社会史一样,文化史的范畴也是宽泛的、模糊的,更多地是表明对文化的重视,而不是一种确定的方法。20世纪末所谓的文化转向引起了很多争论,并带来了关于它的定义、它何时开始,以及它是否已经结束的鱼龙混杂的出版物。[①]尽管拉美史学者采用了许多不同的路径和方法论,但在过去三十年中文化史一直占主导地位,尤其是在美国。这种转变在拉美史中很明显,从社会史时期的一些最重要的焦点——量化和实证数据、结构和更大的叙事——转向强调经验、身份、话语和微观历史。与此同时,其他的历史方法也在蓬勃发展,有些开始挑战拉美史的各式定义与范畴本身。尤其是研究边疆和大西洋世界历史的学者们,跨越了旧的领域界限和定义,撰写了丰富的史学作品。关于帝国、联系网络和跨国流动的著作挑战了传统的类别,如民族国家,以及曾经存在于拉丁美洲和拉丁美洲裔(Latinx studies)研究之间的界限。

用著名的年鉴学派历史学家罗杰·夏蒂埃(Roger Chartier)的

---

① 参见"AHR Forum: Historiographical 'Turns' in Critical Perspective," *American Historical Review*, 177/3 (2012): 698–813,尤其是 James W. Cook, "The Kids Are All Right: On the 'Turning' of Cultural History," pp. 746–771。

第五章 文化和其他转向

话来说,在 20 世纪 80 年代,这个行业"从文化的社会史转向社会的文化史"。① 尽管许多学者都写过关于学术界语言和文化转向的文章,但对 20 世纪末转变的术语、年表及其意义却有激烈的争论。历史专业所受到的广泛的影响是明显的:文学和文化研究、语言学、人类学,以及各种"后"学——后现代主义、后结构主义和后殖民研究。后三者(如文化转向一样)都难以确切地定义,它们在不同领域和国家的影响程度也大不相同。

从一个广泛的历史学视野来看,从社会到文化的转变是从强调物质、实证、结构和作为社会范畴的阶级,转变为强调语言、话语、仪式和通过意义被经验和建构的阶级。在某些方面,方法论上的转变是从社会学到人类学——从社会组织到文化体验。在这个意义上,文化是关于制造意义的,对许多历史学者来说,文化方法旨在解码语言、文本和话语,以分析为人类个体制造意义的过程。正如英国历史学家彼得·伯克明确指出的,"文化史学家的共同基础可以被描述为对象征性及阐释(interpretation)的关注"。②

20 世纪 80 年代之前,更加注重唯物主义的进路倾向于将社会与经济的结构和过程置于语言、话语和符号之上。在其最简易的表述中(如马克思主义的刻板形式),客观基础(经济基础)产生了语言和符号的主观世界(上层建筑)。在此种意义上,文化是表象的。

---

① Peter Burke, *What Is Cultural History?* (3rd edn, Cambridge: Polity, 2019), p. 78.

② Ibid., p. 3.

文化转向将这一范式调转过来。文化不是物质的反映,也不是表象的,而是现实的构成。这种进路的核心是寻找历史行为者如何看待、定义和回应他们周围的世界。与社会史一样,"新"文化史继续研究被边缘化的人和他们的能动性,但侧重于话语、叙事和表征,而非社会史的物质现实。概括地说,它以文化相对于社会、以微观相对于宏观、以主观相对于结构。

文化转向中影响力最大的多是欧洲理论家,主要是法国人——米歇尔·福柯(1926—1984)、雅克·德里达(1930—2004)和皮埃尔·布尔迪厄(1930—2002),以及意大利人安东尼奥·葛兰西(1891—1937)。葛兰西是一位坚定的马克思主义者,也是意大利共产党的创始人之一,他在墨索里尼的法西斯政权下被囚禁了很多年。在文化转向之前几十年,葛兰西在他的狱中笔记上写满了对马克思主义的精彩理论分析,强调文化和思想。特别是,他提出了霸权的概念。在他早逝多年后的 20 世纪末,这个概念变得非常有影响力。葛兰西超越了许多马克思主义者的简单化唯物主义,他认为许多统治精英的权力的关键是他们有能力对那些不太强大和从属的群体(通常被称为底层 subaltern)形成文化、道德和思想上的领导。例如,国家的权力不仅仅是武力或身体上的胁迫,还包括文化霸权。①

---

① Antonio Gramsci, *Selections from the Prison Notebooks* (New York: International, 1971); Stuart Hall, "Gramsci's Relevance for the Study of Race and Ethnicity," *Journal of Communication Studies*, 10/2 (1986): 5–27.

第五章 文化和其他转向

皮埃尔·布尔迪厄对人文和社会科学的许多学科都产生了广泛的影响，特别是历史学、社会学、人类学和传媒研究方面。布尔迪厄试图在结构和能动性（agency）的世界之间架起一座桥梁，并辨别两者是如何促成社会认同的。他的目标是在"实践理论"中融汇实证经验和理论。按照布尔迪厄的说法，一个人的惯习（habitus）由习惯和倾向组成，它是一个人理解世界并对世界做出反应的方式。一个人从周围的环境中积累了这些习惯和倾向，然后用它们来做出选择。对布尔迪厄来说，我们的日常"实践"可以通过"文化在头脑和身体中灌输的模式框架"显示出即兴创作（improvisation）或能动性。① 个人通过获得他所说的文化、社会和符号资本来构建自己。人们开辟自己的道路，但被更大的结构性约束。用另一个世纪的卡尔·马克思的话说，人们创造自己的历史，不是在他们自己选定的条件下创造，而是在"既定的、从过去继承下来的"条件下创造。②

20 世纪 60 年代，福柯和德里达是法国学术界颇有影响力的知识分子。到 20 世纪 80 年代，他们极大地影响了各大洲许多领域的学者。他们的著作非常丰富、复杂，而且深奥（许多人认为）。福柯的研究对"权力制度"的影响最大，而德里达的影响在于他的文本和语言解构方法。德里达系统地抨击了战后几十年占据主流的结构主义。结构主义者试图揭开人类社会中根深蒂固的潜在模式（如克劳

---

① Burke, *What Is Cultural History?*, p. 59.

② Karl Marx, *The Eighteenth Brumaire of Louis Bonaparte* (New York: International, 1963), p. 15.

德·列维－施特劳斯的亲属关系结构），但他们的批评者却认为这是虚幻的。他们抨击结构主义者构建了一个"虚假"的普遍性和二元对立的世界（例如神圣／世俗，现代／传统）。对于后结构主义者来说，语言和符号是有缺陷的、不精确的，所有的意义都是内在不稳定的。按照文学理论家罗兰·巴特（1915—1980）的说法，即使是作者也不能确定他或她自己的文本意义。在一个所有语言都不稳定、所有叙述者都不可靠、所有权威都瓦解的世界里，书写历史的可能性本身就变得可疑。

福柯对疯癫、医学、监禁和性行为历史的研究在许多领域都产生了巨大的影响。他大部分工作的核心是讨论权力和知识之间的关系——那些拥有权力的人如何创造和塑造知识以建立制度控制，无论是在政治、性还是医学方面。像德里达和（与他有长期恩怨的）巴特一样，福柯对广泛意义上的后现代主义做出了贡献。与后结构主义一样，它更像是一种批判的方式或方法，而不是一种哲学。后现代主义开始于批判启蒙理性、宏大叙事、普遍性以及对客观现实、真理和进步的信念，这些被认为是现代性和现代的基础。后现代主义的核心是一种狂热的怀疑主义，试图解构所有的知识类别和体系，强调相对主义、意义的不稳定性，以及建立任何客观现实的不可能性。

像其他"后"主义一样，后殖民主义是20世纪最后几十年里出现的一组广阔而经常令人困惑的进路。它在文化和文学研究中的影响比在历史专业中更明显。它有一个很长的谱系，通常可以追溯到

第五章 文化和其他转向

以下知识分子的著作，如弗朗茨·法农（1925—1961）、艾梅·塞泽尔（1913—2008）和阿尔贝·梅米（1920—2020），他们都在法国殖民地（马提尼克和突尼斯）出生和长大。爱德华·萨义德（1935—2003）和盖亚特里·斯皮瓦克（1942年生）是后殖民主义最有影响的两位拥护者，前者是巴勒斯坦裔美国文学评论家，后者是印度哲学家，自1991年以来担任哥伦比亚大学的教授。萨义德的《东方学》（1978）和斯皮瓦克的《底层人能说话吗？》(1988) 是两部试图解构殖民主义、殖民者和被殖民者概念本身的标志性作品。① 萨义德这本极具影响力的作品批判了自18世纪以来创造了"东方"概念的西方作家的偏见和世界观，使人们对形成东方和西方主流概念的地理和文化区域产生了质疑。在萨义德看来，东方学家将西方构建为理性的、发达的和优越的，与不发达的、静态的和低劣的东方形成对比。

斯皮瓦克从她作为一名印度妇女的角度出发，和一群出色的同僚一起，无情地拆解了大英帝国的传统视角以及帝国、殖民地和国家的概念本身。在关于底层人的文章中，她探讨了寻找那些被帝国官员压迫的人的声音的可能性。流传下来的文献基础（在最好的情况下）提供了间接的声音，（最坏的情况是）底层人的声音被压制了。对于历史学者来说，这是一个深刻的问题：当殖民主义的权力结构抹杀、压制和篡改了底层人的声音时，我们如何才能恢复整个拉丁

---

① Edward Said, *Orientalism* (New York: Random House, 1978); Gayatri Chakravorty Spivak, "Can the Subaltern Speak?," in Lawrence Grossburg and Cary Nelson, eds, *Marxism and the Interpretation of Culture* (Urbana: University of Illinois Press, 1988), pp. 271–313.

美洲历史上人民群众的声音?

对于文化转向的批评者来说,这一路径导致了生活中实实在在的经验现实与迷失在以历史碎片代替整体的自身理论化中的学术共同体之间的脱节。对后现代主义以及文化和语言转向最严厉的批评者认为,其追随者已经在语言混乱、推理混淆和过度自省的迷宫中迷失了方向。随着新自由主义式资本主义的兴起、苏联的解体和社会主义的退却,对一些批评者来说,持续的政治斗争已然消融进了关于身份政治的碎片化论战、新政权下的文化表征,以及数十年来在社会公正和经济平等之争里对方向的迷失。

拉丁美洲史和文化转向

在20世纪90年代,文化转向的影响在美国的拉美历史学者中引起了激烈的争论,以及对前几十年中一些进路的严肃反思。美国该领域最资深和最有声望的期刊《西班牙美洲历史评论》在1999年发表了一组文章,有效地总结了主要问题。① 尽管文章集中在美国的墨西哥历史书写中"新文化史"兴起的问题,但其支持者和反对者之间的交流总结了该领域在20世纪末的转变性质。埃里克·范·杨的文章很好地抓住了文化史"殖民"该领域的前景及危险;许多研究者试图超越结构、依附论、唯物主义和前几十

---

① Gilbert M. Joseph and Susan Deans-Smith, eds, "Mexico's New Cultural History: una lucha libre," *Hispanic American Historical Review*, 79/2 (1999).

第五章 文化和其他转向

年的元叙事。作为其核心方面,人类学深深地影响了新的进路(人类学转向?),不将文化作为一个连贯协调、面面俱到的规范系统来研究,而认为其包含冲突和争论。文化史就变成了对个人,尤其是底层人形塑意义的过程及其与权力的关系的重建。它集中于语言、身份、信仰和符号系统。正如范·杨所指出的,"我们曾经把自己当作观察者和客体,而现在我们有两个主体性在相互环绕,如果材料-文本的制造者与被描述的行为者不同,甚至有三个主体性"。①

历史学者不再把民族、国家、性别、性或其他基本概念看作是固定的或确凿的,而是转向了它们在特定历史时期和地点被想象、构建或发明的方式。在期刊发表的文章中,威廉·E. 弗伦奇大胆声称,那些"参与制造 19 世纪墨西哥新文化史的人首先对'想象'(imagining)感兴趣,或者,也许更准确地说,对'想象造物'(imaginings)感兴趣"。也许最引人注目的想象是 19 世纪美洲的新国家。即使许多历史学者批评宏大叙事,也有历史学者关注非精英群体以及精英们试图构建国家的方式。埃里克·霍布斯鲍姆和其他人的著作为将民族设想为一种现代(1750 年后)现象提供了理由,这种现象是一种文化建构。本尼迪克特·安德森出色而简洁的《想象的共同体——对民族主义的起源和散布的思考》(*Imagined Communities: Reflections on the Origin and Spread of Nationalism*)

---

① Eric Van Young, "The New Cultural History Comes to Old Mexico," ibid., p. 216.

（1983）的出版催生了很多很多的追随者。对安德森来说，民族是从一群人中产生的，其中大多数人永远不会面对面，他们想象彼此有共同的特征和共同的历史。尽管他将拉丁美洲放在讨论民族主义的起始，强调"克里奥尔先驱者"精英在独立战争中的作用，但拉丁美洲的历史学者拒绝接受他对该地区的分析，尽管往往接受他关于想象的共同体的概念。①

正如《西班牙美洲历史评论》中文化方法的批评者所认为的那样，这些方法会导致放弃客观性、概念混乱以及历史学家/民族志学者的过分解读、自我陶醉。他们还认为这种路径是将个人（左派）政治注入史学方法论的另一种方式。弗洛伦西娅·马龙（Florencia Mallon）在《美国历史评论》上发表的一篇文章被广泛引用，它是20世纪90年代拉丁美洲左派历史学者立场的缩影。在这段时期，他们见证了左派革命的结束，古巴革命的"缓慢死亡"，秘鲁残酷的光辉道路运动的突然消亡，以及新自由主义的巨大浪潮。正如马龙所说，"一个进步的学者该怎么做？"接着，她对底层研究的利弊及其对拉丁美洲的适用性进行了缜密的分析。根据自身的经验，她承认那些在20世纪60年代和70年代被马克思主义吸引的人可能陷入了一个"方法论陷阱"。"将早期的著作和传统看作是无关紧要的

---

① William E. French, "Imagining the New Cultural History of Nineteenth-Century Mexico," ibid., p. 249. Sara Castro Klarén and John Charles Chasteen, eds, *Beyond Imagined Communities: Reading and Writing the Nation in Nineteenth- Century Latin America* (Washington, DC: Woodrow Wilson Center Press/Baltimore: Johns Hopkins University Press, 2003).

第五章 文化和其他转向

和过时的,"她坦承,"我们经常错过有关族裔、种族、家庭、生态学和人口学的具有解释力的重要线索,因为我们新发现的理论正确性(theoretical correctness)告诉我们,这一切都归结于阶级和生产方式。"[1] 马龙在1994年的文章是从社会向文化转变的缩影(特别是在20世纪90年代处于职业生涯中期的学者之中)。她和范·杨一样,强调平衡档案和实地调研与文学和文本的分析。

20世纪90年代末的这些文章也反映了深受文化转向影响的"新政治史"的出现。社会转向有意识地摒弃了因为经常关注精英和民族国家政治而受到批评的"旧政治史"。虽然政治史在1970年后并没有消失,但在自下而上的历史、结构主义和唯物主义的时代,它的重要性有所下降。"新"政治史继续致力于研究非精英(底层),并在文化转向的影响下,试图重建他们的政治,特别是他们与19世纪新兴民族国家的关系。历史学者试图恢复被边缘化的人群在霸权实践的创造中发挥的作用,并重新审视国家、文化和葛兰西式的霸权之间的关系。正如范·杨在他刊登于《西班牙美洲历史评论》的文章中所指出的,这对寻求恢复广大人民的思想和信仰的历史学者提出了一个严重的挑战,这些群体仅在他们与国家机器——法院、教会、宗教裁判所、公证人——接触时才会出现在文献记载中。这些挑战正是斯皮瓦克影响广泛的文章《底层人能说话吗?》的核心。具有讽刺意味的是,从将底层视为受害者到强调他们的能动性,存

---

[1] Florencia E. Mallon, "The Promise and Dilemma of Subaltern Studies: Perspectives from Latin American History," *American Historical Review*, 99/5 (1994): 1491–1515, at p. 1501.

在一种风险,即将他们变成理性的、利己的行动者,而这种社会科学方法论中的做法,恰是经常受到历史学者批评的。

这种新政治史中一些最有趣、最具影响力和创造性的著作是关于普通人、民族、国家和政治之间的关系的。弗洛伦西娅·马龙的《农民与国家》(Florencia Mallon, *Peasant and Nation*, 1995)迈出了大胆的一步,对秘鲁和墨西哥的一系列地区进行了比较;而彼得·瓜尔迪诺的《农民、政治和墨西哥民族国家的形成》(Peter Guardino, *Peasants, Politics, and the Formation of Mexico's National state*, 1996)则侧重于格雷罗州。这些作品,以及其他许多作品,都转向了细微的地方层面,以重建农民的语言、政治活动和能动性。在人们的日常生活和斗争中,自由主义、民族主义或国家对他们意味着什么?吉尔伯特·约瑟夫(Gilbert Joseph)和丹尼尔·纽金特(Daniel Nugent)编纂的关于现代墨西哥的《国家形成的日常形式》(*Everyday Forms of State Formation*, 1994),以及约瑟夫主编的《在拉丁美洲历史中重拾政治》(*Reclaiming the Political in Latin American History*, 2001)成为采取文化转向的历史学者和撰写新政治史的学者的主要参照点。

正如美国历史学者在《西班牙美洲历史评论》杂志上所写的那样,他们已经采取了一种文化转向,而拉丁美洲的历史学者基本上没有这样做。到了20世纪末,尽管通信更直接地将整个大西洋世界的历史学者联系在一起,学术研究的增长和复杂性也日益加强了各国之间的分化趋势。当新政治史在美国出现了文化转向时,在拉

第五章　文化和其他转向

丁美洲，也出现了政治史的新形态，它重新定义政治，并关注社会性、公众舆论和公共领域。这些趋势从根本上改变了我们对19世纪的认识，尤其是从殖民地到民族国家的过渡。独立战争时代的历史曾经是英雄和伟人的舞台，现在则显示出社会各阶层政治文化的剧烈转变。曾经被认为是毫无意义和腐败的选举，现在作为生机勃勃的政治活动竞技场而焕发了生机，学者们也转而把各类社交形式和协会团体视为重要的政治舞台。曾经的主流叙事是政治排斥、精英支配和被操纵的选举，而现在学者们开始注意到大众的广泛参与（尽管存在等级制度和不平等），这体现在关于自由主义、宪法和主权的语言、辩论和斗争之中。

这些拉美学者中的许多人都深受尤尔根·哈贝马斯的公共领域概念的影响。从20世纪60年代开始，哈贝马斯（生于1929年）认为，18世纪的启蒙运动促进了公共领域的产生，在国家的控制之外，个人在其中可以不受胁迫地交流和辩论理性知识和意见。沙龙、协会、印刷文化、俱乐部等的出现，为资产阶级话语文化的扩散提供了多种场所。① 尽管在公共领域的定义、19世纪一个国家是否有一个或多个公共领域、公共领域与"市场"和"国家"的关系等问题上存在争议，但哈贝马斯的理论促成了大量、丰富的研究。

例如，在《多数人和少数人》(The Many and the Few, 2001）中，伊尔达·萨瓦托（Hilda Sabato）敏锐地分析了19世纪的选举和公

---

① 首次出版于1962年，英文翻译本为 The Structural Transformation of the Public Sphere, trans. Thomas Burger and Frederick Lawrence (Cambridge: Polity, 1989)。

共生活参与，以此来重新思考阿根廷政治参与和民主政治的崛起。贯穿许多这类研究的共同主线是努力恢复大众的声音，通常是通过报纸和杂志、剧院和司法记录。这些学者并没有把拉丁美洲看作一个政治上没能实现现代化的国家充斥的地区，而是展现出，从殖民时期把人民看作国王的臣民，到新兴共和国中将其视为宣称人民主权的公民，其间的规范框架有一个跨社会阶层的实质性转变。早先的传统侧重于透过选举权的扩大聚焦于公民权。晚近的研究继续关注投票和选举（尤其是在底层的过程机制），但对公民身份的理解更加丰富和多层次。公众意见、社会交往和公共领域不仅为恢复精英，也为恢复大众的政治声音提供了其他途径。在《新世界的共和国：19 世纪拉丁美洲的革命政治实验》（*Republics of the New World: The Revolutionary Political Experiment in Nineteenth-Century Latin America*，2018）一书中，萨瓦托精彩、扼要地综述了这一工作。萨瓦托和其他学者认为，本地区是自由主义和共和主义政治的最激进和最具有革新精神的中心之一。①

虽然萨瓦托受到哈贝马斯著作的影响，但她认为公共领域对拉

---

① 参见 Sarah Chambers, *From Subjects to Citizens: Honor, Gender, and Politics in Arequipa, Peru, 1780–1854* (University Park: Pennsylvania State University Press, 1999); Fernando Escalante Gonzalbo, *Ciudadanos imaginarios: memorial de los afanes y desventuras de la virtud y apología del vicio triunfante en la República mexicana: tratado de moral pública* (Mexico City: Colegio de México, 1992); Francisco Gutiérrez Sanín, *Curso y discurso del movimento plebeyo, 1849–1854* (Bogotá: Instituto de Estudios Políticos y Relaciones Internacionales, 1995); Carmen McEvoy, *La utopía repub- licana: ideales y realidades en la formación de la cultura política peruana, 1871–1919* (Lima: Pontificia Universidad Católica del Perú, 1999)。

第五章 文化和其他转向

丁美洲的适用性有限。在哥伦比亚大学任教的墨西哥历史学者巴勃罗·皮卡托也许是拉丁美洲历史中公共领域研究的主要提倡者。[①] 与美国历史学者的文化转向及其对文化和身份的关注恰成对照，皮卡托主张重新评价意义和社会结构。对皮卡托来说，"公共领域是一个普遍可及的概念性场所，作为个人的公民在这里一起讨论共同关心的问题。其基础假定是，理性——唯一的必需要求——是均匀分布的，且他们的声音会对公共舆论产生影响"。在参与这个公共领域时，公民将在"家庭和工作的私人领域、与公民社会中的其他人交换意见所需的公共性，以及国家之间架起桥梁"。[②] 按照这一理论，公共领域是一个在家庭隐私之外的空间，但也在国家机器的功能之外。虽然皮卡托承认许多人主要由于性别和阶级被排除在这种交流之外，但他认为，公共领域更多强调的是政治而不是文化，因此提供了一种手段，将对特定地点的大量研究和对民族主义及代表性的更宏大综合的追求结合起来。

在这一领域最有影响力的学者也许是弗朗索瓦－格扎维埃·格拉（François-Xavier Guerra，1942—2002），他出生于西班牙，在巴黎第一大学师从弗朗索瓦·谢瓦利埃（François Chevalier），后来成为该校教授。格拉摆脱了20世纪60、70年代的结构主义，专注于他眼中从传统到现代的过渡，并将公共领域的概念应用于19世

[①] Pablo Piccato, "Public Sphere in Latin America: A Map of the Historiography," *Social History*, 35/2 (2010): 165–192.

[②] Ibid., p. 168.

纪的拉丁美洲。他的《墨西哥：从旧制度到大革命》(*México: del Antiguo Régimen a la Revolución*, 1988) 和《现代性与独立：关于西语国家革命的论文集》(*Modernidad e independencias: ensayos sobre las revoluciones hispánicas*, 1993) 将公共领域置于19世纪拉丁美洲变革的中心。他的著作明确地将文化置于分析的中心，与上一代历史学者的结构、社会、物质和阶级分析形成对比。这些著作也反映了思想史在经历了几十年的冷落之后的复兴趋势。在某种意义上，公共领域的学者更倾向于观念（ideas）的历史、意义和传播，而不是文化及其与权力关系的历史。[①] 新的文化史学家倾向于强调碎片化和分化，而公共领域的学者则看到了公共舆论、想象的共同体和国家的崛起。这两个群体都把19世纪，特别是独立战争和从殖民地到国家的过渡，从几十年来被学术界的忽视中拉了回来。

　　这些思想史和政治史学家也复兴了公民权的概念，使其成为丰富和创新的学术焦点。与社会科学领域的著作类似，这些文献扩大了公民权的含义，远远超出了投票权甚至公民权利的传统概念。就像英国理论家T. H. 马歇尔（T. H. Marshall，1893—1981），学者们设想公民权的内涵囊括民事、政治、社会，甚至文化权利。20世纪80年代以来拉丁美洲的民主化浪潮及其局限性，吸引了历史学和社会科学学者重新思考公民权不仅在当前，而且在19世纪的含义。对能

---

① 参见 Elías José Palti, "Recent Studies on the Emergence of a Public Sphere in Latin America," *Latin American Research Review*, 36/2 (2001): 255–287。

第五章 文化和其他转向

动性、文化和底层阶级的重视带来了活跃的学术研究,特别是关于社会下层和 19 世纪民族国家形成之间的关系。①

大众文化(popular culture)一直是一个很活跃的重要研究领域。向大众文化的转向始于 20 世纪 60 年代,甚至早于 80 年代的所谓文化转向。就像许多关键概念一样,人们对其意涵没有共识。"大众"是指民众、下层阶级,还是指那些被广泛接受的仪式和符号?大众文化和精英文化之间的关系是什么?尽管存在定义上的困境,拉丁美洲的历史学者们在电影、视觉艺术、民俗、食品、宗教、音乐、媒体、舞蹈和其他许多主题上撰写了丰富的作品,考察了大众文化的意义,它如何形成,谁在塑造它以及它与文人或精英文化的关系。杰弗里·皮尔彻(Jeffrey Pilcher)关于食品历史的著作、埃里克·佐洛夫(Eric Zolov)关于音乐和反主流文化的著作,以及威廉·比兹利(William Beezley)、谢丽尔·马丁(Cheryl Martin)和威廉·弗伦奇(William French)主编的《统治的仪式,反抗的仪式:墨西哥的公共庆典和大众文化》(*Rituals of Rule, Rituals of Resistance: Public Celebrations and Popular Culture in Mexico*,1994)只是近几十年来历史学者以创造性、革新性的方式撰写大众文化的几个例子。

自 20 世纪 80 年代以来,对大众文化的研究还促成了一些最富有成效的跨学科的对话。人类学家克利福德·格尔茨(1926—2006)

---

① 参见 Celso Thomas Castilho, *Slave Emancipation and Transformations in Brazilian Political Citizenship* (Pittsburgh: University of Pittsburgh Press, 2016)。

和内斯托·加西亚·堪克利尼（Néstor García Canclini，生于1939年）的著作对历史学者产生了巨大的影响。格尔茨著名的呼吁"厚描"（thick description），相对于在档案中追寻稀缺的底层人文献的历史学者，更易于被当代世界的民族学家接受。加西亚·堪克利尼，一个长期居住在墨西哥的阿根廷人，敏锐地写下了大众文化及其与全球化、国家构建和媒体的关系的著作。①

性别与性

拉丁美洲历史的文化转向（如同在更大的专业范围中）也影响了性别和性研究的发展。在社会史时代，妇女史作为一个领域出现，强调重新发现（"使之可见"）经常被忽视的妇女和妇女组织（如宗教团体）的角色和事迹。社会史学家试图恢复非精英妇女的生活，特别是通过人口和机构记录（教区登记册、遗嘱、法庭案件、宗教仪式）。向文化和身份的转向以及福柯的巨大影响使学者们的注意力从妇女史转向性别和性的研究。与新的文化史一样，对性别的关注

---

① Clifford Geertz, *The Interpretation of Cultures: Selected Essays* (New York: Basic Books, 1973); Néstor García Canclini, *Hybrid Cultures: Strategies for Entering and Leaving Modernity* (Minneapolis: University of Minnesota Press, 1995 [原文西语版出版于 1990 年])。将大众文化作为人民的日常文化的例子，参见 William H. Beezley, *Judas at the Jockey Club* (Lincoln: University of Nebraska Press, 1987)，以及 William H. Beezley, Cheryl English Martin, and William E. French, eds, *Rituals of Rule, Rituals of Resistance: Public Celebrations and Popular Culture in Mexico* (Wilmington, DE: SR Books, 1994)。

第五章 文化和其他转向

在美国比在拉丁美洲的学者中更为明显。① 美国著名的法国史专家琼·斯科特（生于1941年）为推动性别作为一种分析范畴出现发挥了关键性的作用，并深深影响了许多转向性别史的拉丁美洲历史学者。继福柯之后，斯科特认为，性别是社会和文化构建的，是"由人类关系的文化和社会而产生的理解"。根据定义，性别史不仅关乎妇女，而且关乎所有性别，处于所有历史的核心。②

20世纪60年代和70年代的政治动荡、女权主义浪潮在美洲和欧洲的不同反响，以及各国的具体历史条件都影响着妇女研究、妇女史以及性别和性史的发展。一个明显的趋势是，在拉美研究者中，社会科学学者在推动妇女研究发展中作用突出，而历史学研究则发展更为迟缓。③ 社会史学者在60、70年代的著作（见第四章），特别是关于人口、家庭和阶级方面的研究，反映了当时的定量、结构和唯物主义趋势。到了90年代，在文化转向的影响下，历史学者转向文化、经验、意义、符号和仪式。20世纪90年代，在工作于美

---

① 关于美国和拉美学者差异的讨论，参见 Jane S. Jaquette, "Introduction: From Transition to Participation – Women's Movements and Democratic Politics," in Jaquette, ed., *The Women's Movement in Latin America: Feminism and the Transition to Democracy* (Boston: Unwin Hyman, 1989)。

② 参见 Joan Scott, "Gender: A Useful Category of Historical Analysis," *American Historical Review*, 91/5 (1986): 1053–1075, and *Gender and the Politics of History* (New York: Columbia University Press, 1988)。斯科特的开创性文章是《美国历史评论》电子版中访问量最大的文章。

③ 参见 Sueann Caulfield, "The History of Gender in the History of Latin America," *Hispanic American Historical Review*, 81/3–4 (2001): 449–490。这篇优秀的文章刊登在《西班牙美洲历史评论》性别史特刊双月刊上。

国的拉美史学者中,性别问题已成为最具创造力和活力的研究领域之一。①

学者们分析了性别是如何被体验的,尤其是在日常生活中它与权力的关系,以及在教会和国家机构中的表现。和其他转向文化的领域一样,许多性别史著作中亦明显可见福柯、葛兰西和布尔迪厄的影响。有时,这些影响使历史学者的学术研究(如史蒂夫·斯特恩的《性别的秘密历史》,1995)越来越理论化,而人类学家的研究进路(如安娜·玛丽亚·阿隆索的《血线》,1995)更加历史化。在过去的几十年里,几乎所有关于性别和性的著作都有一个共同点,那就是将这些范畴理解为社会和文化的建构。对于许多历史学者来说,他们的目标是解构特定的时间和地点中的这些类别,以揭示个人如何"在他们的日常生活中穿行于性别的场域"。用福柯的术语来说,他们试图恢复制度和话语系统的谱系。在如此众多的地区和时段内,借由动摇性别的稳定性将其去中心化和历史化,这一工作使得拉丁美洲历史进程中经典概念的应用极大地复杂化了。例如,有些作品使我们对父权制的认识更加复杂化,这是拉丁美洲的

---

① 证明其发展的一部分关键著作有 Marysa Navarro and Virginia Sánchez Korrol, eds, *Women in Latin America and the Caribbean: Restoring Women to History* (Bloomington: Indiana University Press, 1999); Elizabeth Dore and Maxine Molyneux, eds, *Hidden Histories of Gender and the State in Latin America* (Durham, NC: Duke University Press, 2000); William E. French and Katherine Elaine Bliss, eds, *Gender, Sexuality, and Power in Latin America since Independence* (Lanham, MD: Rowman & Littlefield, 2007)。

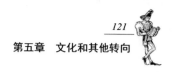

第五章 文化和其他转向

历史和性别关系中的一个核心概念。①

一些最具创新性的著作研究了性别、阶级和种族/民族之间的关系。E. P. 汤普森的《英国工人阶级的形成》(*The Making of the English Working Class*, 1963) 不仅对劳工史学家，而且对撰写阶级问题的文化史学家产生了巨大的影响。汤普森的这本里程碑式的著作在文化转向之前出版，影响了欧洲和美洲的历史学者。（他也成为 20 世纪 80 年代和 90 年代文化转向背后许多理论的强烈批评者。）虽然汤普森是一位马克思主义者，但他关于阶级的著作是以工人阶级文化为基础的，他设想的阶级不是结构性的，而是关系性的，是建立在经验之上的。对关系和经验的强调是 90 年代许多性别、种族和性的研究的核心。从广义上讲，英国的历史学者倾向于更多地关注阶级，美国的历史学者则更多地关注种族，而在拉丁美洲，则两者都关注，并更强调阶级。

在历史和社会科学分析中，针对阶级和性别哪个更为根本的问题，形成了巨大的争论。革命的动荡，特别是 20 世纪 80 年代在中美洲的革命，刺激了对妇女、性别和发展的重新评估，特别是在左派学者中。社会科学学者的早期研究大多集中在妇女和发展问题上。福柯的影响，特别是在拉丁美洲，导致了对话语和知识制度的研究，特别是国家和改革者如何试图构建和规范公共空间、道德和身份。例如，对卖淫、犯罪和公共卫生的研究，尤其为研究底层妇

---

① 关于此问题的精彩讨论参见 Thomas Miller Klubock, "Writing the History of Women and Gender," *Hispanic American Historical Review*, 81/3–4 (2001): 493–518; 引文在第 518 页。

女提供了详细而丰富的新背景。①

　　法国对心态研究的持续影响、法国学术界新的文化史风格、以及福柯的影响在拉丁美洲的历史学者对性的研究中清晰可见。② 对于重建殖民地时代下层阶级的性和性别，宗教裁判所的记录发挥了关键作用。在巴西和墨西哥，路易斯·莫特（Luiz Mott）、罗纳尔多·瓦因凡思（Ronaldo Vainfas）、劳拉·德·梅洛·索萨（Laura de Mello e Souza）和索朗·阿尔贝罗（Solange Alberro）是先驱者，特别是使用这些记录重建了关于性别和性的观念。在过去的几十年里，教会和法庭记录一直在关于家庭、婚姻、性别和性的研究中发挥核心作用。③ 许多早期的妇女史研究都严重依赖这些记录，而人口统计学家的数据大多来自教区登记册。自20世纪80年代中期以来，历史学家们挖掘这些记录来重建性别角色、性道德和实践以及普通人的经历。其中成果最丰硕的研究领域之一是荣誉（honor）在拉丁

---

　　① Martha de Abreu Esteves, *Meninas perdidas: os populares e o cotidiano do amor no Rio de Janeiro da "Belle Epoque"* (Rio de Janeiro: Paz e Terra, 1989); Donna Guy, *Sex and Danger in Buenos Aires: Prostitution, Family, and Nation in Argentina* (Lincoln: University of Nebraska Press, 1991); Sueann Caulfield and Martha de Abreu Esteves, "Fifty Years of Virginity in Rio de Janeiro: Sexual Politics and Gender Roles in Juridical and Popular Discourse, 1890–1940," *Luso-Brazilian Review*, 30/1 (1993): 47–74.

　　② Mary Del Priore, *Ao sul do corpo: condição feminina, maternidades e mentalidades no Brasil Colônia* (Rio de Janeiro: Olympio, 1993); Laura de Mello e Souza, ed., *História da vida privada no Brasil*, Vol. 1: *Cotidiano e vida privada na América Portuguesa* (São Paulo: Companhia das Letras, 1997).

　　③ Nara Milanich, "The Historiography of Latin American Families," in José Moya, ed., *The Oxford Handbook of Latin American History* (New York: Oxford University Press, 2010), pp. 382–406.

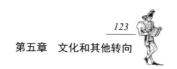

第五章 文化和其他转向

美洲几个世纪以来的意义和作用。①

对性别和性的关注也带来了对同性恋（特别是男性同性恋）的重要的开创性研究。在该领域，人类学的影响在与历史的对话中再次发挥了关键作用。民族学家进行当代社会和文化的研究，历史学者则致力于重建同性关系，一直追溯到征服时代，甚至是征服前的时代。② 尽管大多数性别史仍然关注女性，但对男性气概和非二元性别的研究已经变得更加普遍。

原住民历史

文化转向对美洲原住民研究产生的影响并不十分明显。正如我们在第四章中所看到的，这种影响在对征服（尤其是中部美洲和安第斯地区）和原住民的文化转变的研究中最为突出，尤其是在殖民地时期。因加·克伦丁嫩和塞尔日·格鲁津斯基关于"精神征服"的著作，以及南希·法里斯在20世纪80年代关于尤卡坦的玛雅人的著作，都反映了人类学的影响以及对符号、仪式和意义的关注。在美国，过去四十多年里，詹姆斯·洛克哈特和他的众多弟子在对墨西哥和中美洲研究的著作中发挥了重要作用。洛克哈特向学生教

---

① Sueann Caulfield, Sarah Chambers, and Lara Putnam, eds, *Honor, Status, and Law in Modern Latin American History* (Durham, NC: Duke University Press, 2005); Lyman L. Johnson and Sonya Lipsett-Rivera, eds, *The Faces of Honor: Sex, Shame, and Violence in Colonial Latin America* (Albuquerque: University of New Mexico Press, 1998).

② Pete Sigal, ed., *Infamous Desire: Male Homosexuality in Colonial Latin America* (Chicago: University of Chicago Press, 2003).

授纳瓦语以及他所谓的新语文学——仔细地重建语言及其随时间的变化。第一批神职人员学习当地语言并创造了罗马字母,然后原住民逐渐使用这种新的书写体系来记录自己的生活。凭借语言学和古文字学的专长,历史学者们翻找出丰富的地方("世俗")文献,特别是墨西哥的,从原住民的角度对许多地方进行了详细的研究。

一些极具创新性的研究从根本上修正了我们对16世纪西班牙军事征服,以及对长达几个世纪最终也不彻底的原住民精神征服的理解。例如,马修·雷斯托尔(Matthew Restall)、苏珊·施罗德(Susan Schroeder)、卡米拉·汤森(Camilla Townsend)和罗斯·哈希格(Ross Hassig)的著作将原住民(男人和女人)在征服中的作用凸显出来——西班牙人的盟友和对手均在其列。① 仅举几例,比如凯文·特拉西亚诺(Kevin Terraciano)、路易斯·布克哈特(Louise Burkhart)、维多利亚·布里克(Victoria Bricker)和大卫·塔瓦雷斯(David Tavárez),他们丰富了我们对中部美洲许多民族(纳瓦人、萨波特克人、米斯特克人、玛雅人)之间的宗教和文化交流的理解。一些历史学者翻阅土著语言文件,重读古老的西班牙文本,以细微的文化敏感加以考察,帮助我们重新思考军事征服问题。我们现在更加深入地理解了土著人对征服的看法、他们扮演的角色以及征服对从墨西哥到安第斯山脉的土著社区的长期影响。

在过去二十五年里,身份政治和多元文化主义在拉丁美洲的兴

---

① 参见 Matthew Restall, "The New Conquest History," *History Compass*, 10 (2012): 151–160。

第五章 文化和其他转向

起,刺激了对原住民在民族国家形成过程中的作用以及近几十年来他们在这些国家的地位的研究。正如丽贝卡·厄尔(Rebecca Earle)在《原住民的回归》(*Return of the Native*,2007)一书中所表明的,在19世纪,拉丁美洲的许多新兴国家都将原住民的过去浪漫化了,就像在美国一样。直到19世纪70年代现实主义崛起前,印第安人小说成了浪漫主义文学的一个重要分支。现实主义和自然主义小说有时也关注印第安人受到的压迫,特别是在墨西哥和安第斯国家。20世纪20年代和30年代,随着墨西哥革命的胜利和秘鲁劳尔·阿亚·德拉托雷(1895—1979)的崛起,出现了土著主义运动。这些运动旨在承认本国土著遗产的价值和重要性,特别是通过艺术、博物馆和文学。近几十年来,一种新形式的土著主义(indigenism)寻求让土著人民获得作为公民的充分政治和文化参与权,特别是在那些历史上拥有大量土著人口的拉丁美洲国家,如墨西哥、危地马拉、哥伦比亚、厄瓜多尔、秘鲁和玻利维亚。

社会科学学者对公民权和政治的研究集中在最近几十年,而历史学者则回顾并重新审视了土著人民和民族国家之间的关系。其中一些著作关注18世纪末西班牙帝国遭受的重大挑战,最引人注目的是图帕克·阿马鲁和图帕克·卡塔里在安第斯地区的大规模叛乱。诸如埃里克·范·杨的《另一种叛乱》(*The Other Rebellion*,2001)等作品将社会和文化史的方法用于重塑印第安人在争取墨西哥独立的血腥斗争中的作用。研究成果最丰富的领域之一是对19世纪和20世纪国家形成与原住民之间关系的重新审视。

与社会史一样，世纪之交的文化史继续强调恢复非精英——穷人、被奴役者、工人、原住民——的历史，并将性别分析带到历史分析的中心。20 世纪 80 年之后大约四分之一世纪里，大西洋两岸无论南北方的历史学者们都进行了激烈的讨论，并写出了非常专业的著作。正如社会史那样，文化史产生了新的方法和创新，并主导了历史工作，但它并没有排斥所有其他方法。政治史以新的形式蓬勃发展，社会史受文化史的影响采纳了更为复杂的方法，许多其他更传统的领域继续存在，甚至繁荣起来。拉美历史在方法和理论上变得多样化，该领域的学者也变得更加多样化，出身于妇女、拉丁裔和黑人的研究生和教授越来越多。

伴随着拉丁美洲历史专业的快速发展，以及方法论在许多国家各自不等的影响程度，美国、欧洲和拉丁美洲的史学著作之间的差异更加明显——虽然各国间史学家的交流得到了加强。到 21 世纪初，在全球化加速和民族主义明显减弱的情况下，富有创新性的新的历史领域出现了，对拉美史的边界本身提出了挑战，预示着该领域将被重新界定。

第六章

超越拉美史

新世纪，新千年

20世纪即将结束时，拉美史学者的人数在欧洲大概有一百多人，在美国有一千多人，而在拉丁美洲则有几千人。拉美史的博士项目已经遍布三大洲，该领域每年出版的数千本著作中，绝大多数是由受大学训练的历史学者完成的。21世纪初，拉丁美洲高等教育迅速发展，大学历史教授人数快速增加，导致研究以及出版物的不对称分布持续强化。可以理解，与拉丁美洲的学者相比，不定居在拉美的学者所著的出版物比例每年都在减小。同时，受到航空旅行革命和数字革命的影响，曾经横亘在各大洲之间的交通和通信障碍已经大大减少。自20世纪80年以来，研究、教学和出版方面的接触、合作和交流的效率和频次都发生了很大变化。

教授职位的增多也使该领域更加专业化。这带来了两个看似相反的发展：一方面，历史学者更倾向于将他们的研究集中在一个国家；另一方面，越来越多的历史学者，主要是那些研究独立前几个世纪的历史学者，已经超越了民族国家的限制，转而研究跨国的、帝国的或跨大西洋的主题。国家、地区和地方档案馆中数量惊人的原始资料已可资利用，加之大量的专著和文章的发表，使得掌握后殖民地时期多个国家的资料和史学撰述越来越不可能。对寻求终身教职和晋升的学术型的历史学者而言，发表要求也促使他们更加专业化，并在更多的专业学术期刊上发表文章。同时，越来越多的历史学者，尤其是在英语世界，在研究中挑战传统边界和国家界限。这在大西洋世界史、边疆史和移民研究中最为明显。对传统边界和地区的跨越，也使得许多出版物更难被归类为拉丁美洲史。这些趋势促成了关于该领域如何界定的持续辩论。

边境和边疆

自20世纪80年代以来，在美国最活跃的研究领域之一是边疆史。正如我们在第二章中所说的，该领域有着悠久的历史，可以追溯到20世纪初赫伯特·尤金·博尔顿的开创性工作。博尔顿把他的研究生作为研究美洲（而不仅仅是美国）的历史学者来培养，重点研究18、19世纪西班牙、法兰西和不列颠帝国向北美内陆扩张并发生冲突的地区——帝国之间以及与原住民的冲突。尽管博尔顿着迷于牧师和征服者，但他也认真对待美洲原住民，并撰述他们与欧洲征服者的关系。到20世纪60年代和70年代，他的最后一批学

第六章 超越拉美史

生已退休,他们中的大多数人最终都在专业上将自己定位于美国或拉丁美洲史内部。面对学术的专业化和职业化,博尔顿关于整个美洲历史(和美洲史学者)的愿望逐渐落空。在 20 世纪 80 年代和 90 年代,新一代的历史学者吸收了边疆研究的遗产,并对其加以彻底改造。

新的边疆史参照了博尔顿的研究,但没有他的传教士、征服者和印第安人故事中浸润的浪漫主义色彩。对其中许多历史学者来说,边疆(frontier)是一个政治和文化边界未被界定或不清晰的地方,而边疆地带(borderland)则是帝国和国家边疆的争议地区。博尔顿的做法是,原住民的历史作为关键考量被纳入边疆历史。最近的研究对该领域进行了重新定位,并经常将原住民置于分析和叙述的核心位置。在美国,对那些基本上自我定位为美国史或拉丁美洲史学者的人来说,新原住民史和新西部史的兴起对他们的边疆研究产生了很大影响。[1] 像社会史一样,这些著作经常关注以往被边缘化的人群。也像新文化史一样,许多这类边疆史学者关注人们创造意义的方式,以及文化是如何被争论和建构的。边疆史学家倾向于强调社会的流动性、文化的混合和综摄。就像许多领域一样,边疆史已经从宏大叙事转向了微观历史,导致我们现在拥有丰富的地方

---

[1] Patricia Nelson Limerick, Clyde Milner II, and Charles E. Rankin, eds, *Trails: Toward a New Western History* (Lawrence: University Press of Kansas, 1991).

研究，但缺乏将这些研究置于更大框架中的著作。① 在 20 世纪末，这个领域已经吸引了大量的关注，而且边疆地带的概念已经被应用到全球许多其他地区，一些学者担心这个概念已经被过度使用和滥用了。

尽管许多学者对 20 世纪末的边疆史的发展做出了贡献，但大卫·J. 韦伯（David J. Weber，1940—2010）可能是最重要的人物。韦伯在新墨西哥大学接受过拉丁美洲史的训练，他的研究主要集中在今天的美国西南部，但主要是尚处于西班牙或墨西哥的管辖之下的时期。《墨西哥边疆，1821—1846：墨西哥统治下的美国西南部》（The Mexican Frontier, 1821—1846: The American Southwest under Mexican Rule, 1982）和《北美的西班牙边疆》（The Spanish Frontier in North America, 1992）尤其突出，因为这两部著作不仅使用了美国和墨西哥档案，还细致地分析了这个长期归属于西班牙和墨西哥、最终被纳入美国的地区内的印第安人、墨西哥人、泰雅诺人②和英国人。他的《野蛮人：启蒙时代的西班牙人和他们的野蛮人》（Bárbaros: Spaniards and Their Savages in the Age of Enlightenment, 2005）对原住民在墨西哥中部被征服后的两个多世纪里抵抗欧洲人对其土地的侵占，塑造自己命运的抗争进行了精湛的分析。韦伯的

---

① 两本出色的史学史研究，参见 Pekka Hämäläinen and Samuel Truett, "On Borderlands," *Journal of American History*, 98/2 (2011): 338–361; Jeremy Adelman and Stephen Aron, "From Borderlands to Borders: Empires, Nation-States, and the Peoples in Between in North American History," *American Historical Review*, 104/3 (1999): 814–841。

② Tejano，即得克萨斯人。——译者注

第六章 超越拉美史

工作横跨拉丁美洲、美国、西部历史、土著历史和奇卡诺①研究。就像许多边疆研究一样，这需要涉及多种语言、国家和档案资料，以及很多不同的历史学者共同体的知识。

一些最令人印象深刻的著作将原住民置于分析的中心，而非采纳帝国（法国、西班牙、英国）或民族国家（墨西哥、美国、加拿大）向该地区扩张并摧毁原住民及其文化的传统路径。佩卡·哈马恩的《科曼奇帝国》（Pekka Hämäläinen, *Comanche Empire*, 2008）和布莱恩·迪莱的《千沙漠之战》（Brian DeLay, *War of a Thousand Deserts*, 2008）都试图从内向外而非从外向内讲述故事。这类研究深受理查德·怀特如今已成为经典的《中间地带：大湖区的印第安人、帝国和共和国，1650—1815》（Richard White, *The Middle Ground: Indians, Empires, and Republics in the Great Lakes Region, 1650—1815*, 1991）的启发。劳尔·拉莫斯的《阿拉莫之外》（Raúl Ramos, *Beyond the Alamo*, 2008）和安德列斯·雷森德斯的《变化中的边疆民族身份》（Andrés Reséndez, *Changing National Identities at the Froutier*, 2004）出色地研究了许多不同的民族，尤其是得克萨斯和新墨西哥讲西班牙语的人，他们先后受西班牙、墨西哥和美国控制。早期的一个范例是拉蒙·古铁雷斯（Ramon Gutierrez）有争议的著作《当耶稣来了，玉米母亲走了》（*When Jesus Came the Corn Mothers Went Away*, 1991），该书通过分析今天

---

① Chicano，墨西哥裔美国人。——译者注

新墨西哥州的婚姻和性行为，努力恢复该地区不同民族的历史。

许多类似研究强调帝国时代的文化流动性、纠葛、多变的身份认同、族群多样性以及19世纪这些帝国的崩溃，这种强调延续到了20世纪。绝大多数这类学者的研究取向是美国史，而很少涉及拉丁美洲的历史学者群体。奇卡诺和拉丁裔研究、新西部史、原住民历史、移民研究和跨国史的发展，都为边疆史的扩展做出了贡献，并反过来被以往三十年来新的历史学所塑造。像塞缪尔·特鲁特的《逃亡的风景》（Samuel Truett, *Fugitive Landscapes*, 2006）、雷切尔·圣约翰的《沙中线》（Rachel St. John, *Line in the Sand*, 2011）和奥斯卡·马丁内斯的《边疆人》（Oscar Martínez, *Border People*, 1994）这类著作，实际在很大程度上跨越了19世纪中期形成的美墨边界线。

跨国史

随着历史学者转向研究帝国时代跨越各种不断变化的边界和边境的人们的流动，学者们也采取了跨国转向，淡化民族国家的作用，转而突出人们的跨国流动。越来越多的研究追踪在民族国家之间流动的人们的故事，他们的跨国传奇不再能简单地归类为传统的美国史或拉美史。加布里埃拉·索托·拉韦亚加的《丛林实验室：墨西哥农民、国家项目和毒丸的制造》（Gabriela Soto Laveaga, *Jungle Laboratories: Mexican Peasants, National Projects, and the Making of the Pill*, 2009）就是跨越边界和更为传统的研究领域界定

第六章 超越拉美史

的杰出例证。在过去的两个世纪里,政治边界不断变化的本质和可渗透性凸显了一个根本问题,即如何定义这些历史学者的工作,以及如何界定拉丁美洲及其历史。确实,上文引用的大多数历史学者也许不认为自己是拉美史学者。随着数以百万计的人口从加勒比、中美洲和墨西哥北移进入美国,给研究这些人的历史著作贴标签的尝试变得更为复杂,而且最终也不太有效。几十年来,美洲研究(American studies)领域一直在努力确定自己的身份,因为该领域的许多学者试图淡去"美利坚合众国研究"(United States studies)的色彩,而纳入更多的美洲地区。①

一些最直言不讳的跨国史倡导者宣称围绕民族国家的历史已经消亡,并呼吁更多强调跨国主题的研究,而不是把国家和民族叙事作为历史研究的基础。随着人们对全球化及其对世界各地大大小小的社区的影响的认识不断提高,向跨国史转向的趋势也在增长。②尽管自有人类以来,人员在全球范围内的流动就一直存在,但这一进程在 1492 年之后明显加速,美洲在全球化的早期基础阶段发挥了关键作用。早在 19 世纪拉丁美洲出现国家边界之前很久,人、动物和

---

① Winfried Fluck, Donald Pease, and John Carlos Rowe, *Re-framing the Transnational Turn in American Studies* (Hanover, NH: Dartmouth College Press, 2011); Brian Edwards and Dilip Parameshwar Gaonkar, eds, *Globalizing American Studies* (Chicago: University of Chicago Press, 2010); Kristin Hoganson and Jay Sexton, eds, *Crossing Empires: Taking U.S. History into Transimperial Terrain* (Durham, NC: Duke University Press, 2020).

② 参见 Micol Seigel, "Beyond Compare: Comparative Method after the Transnational Turn," *Radical History Review*, 91 (Winter 2005): 62–90。

微生物就已经在现在的民族国家的广大区域内流动。社会科学学者们对跨国主义和全球化做了很多研究，通常都是以现实为导向。无论是对社会运动、移民、公民身份还是对身份认同的考察，美洲各地人员的大规模流动和过去几十年的通信革命都刺激和促进了这类研究。就历史学者而言，最近具有跨国史风格的研究大多集中在20世纪，但研究19世纪的重要著作也已问世。

从很多方面来说，更老派的智识史传统都是跨国史进路的一个早期范例。围绕19世纪独立战争和国家建设的众多政治思想研究清楚地表明了自由主义、民族主义和共和主义的真正跨大西洋性质。这项研究的核心是重新建立横跨欧洲和美洲的智识网络。早期研究几乎完全集中在精英人物身上，并倾向于强调从欧洲向西跨越大西洋的思想和文化影响。最近的研究又回到了这些老的主题上，但强调非精英人物的重要性和美洲人（在最广泛的意义上）在创造新思想和文化影响中的创新。简而言之，他们强调流动不是单向的，美洲人不是简单的思想消费者，他们也是文化和政治革新的创造者。①

长期以来，研究移民的历史学者在拉丁美洲研究中发挥了关键作用，从研究西班牙人和葡萄牙人跨越大西洋上的流动，到研究数

---

① James E. Sanders, *The Vanguard of the Atlantic World: Creating Modernity, Nation, and Democracy in Nineteenth-Century Latin America* (Durham, NC: Duke University Press, 2014); Jorge Cañizares-Esguerra, *How to Write the History of the New World: Histories, Epistemologies and Identities in the Eighteenth-Century Atlantic World* (Stanford, CA: Stanford University Press, 2001); Pablo F. Gómez, *The Experiential Caribbean: Creating Knowledge and Healing in the Early Modern Atlantic* (Chapel Hill: University of North Carolina Press, 2017).

第六章 超越拉美史

百万非洲人在"中部通道"(Middle Passage)的强制迁移。许多最近出版的关于移民的著作纳入了全球网络,将它们的研究与亚洲和太平洋地区、印度次大陆和中东联系起来。① 有时,这些历史学者会有意识地把当今世界和今天拉丁美洲的中国人、日本人、南亚人和中东人共同体的起源联系起来。这类著作的主要特征之一是关注输出社区的文化以及在接收社区发生的文化的接洽与竞争(cultural negotiations and contestations)。② 美洲内部的移民研究非常发达,其中墨西哥和美国之间的关系尤为重要。边疆史有助于说明,早在墨西哥和美国两个国家出现之前,属于现在两个国家的地区之间几个世纪内人员的流动情况。

文化转向和超越过去以民族国家为中心的历史的努力,改变了美拉关系史。外交史有着悠久的传统,正如第二章所说,它是美国早期研究的重点。全球化、后现代主义、跨国转向和冷战的结束,

---

① 参见,例如 Adam McKeown, *Chinese Migrant Networks and Cultural Change: Peru, Chicago, and Hawaii, 1900–1936* (Chicago: University of Chicago Press, 2001); Jose C. Moya and Adam McKeown, *World Migration in the Long Twentieth Century* (Washington, DC: American Historical Association, 2011)。

② Ida Altman and James Horn, eds, *"To Make America": European Immigration in the Early Modern Period* (Berkeley: University of California Press, 1991); Theresa Alfaro Velkamp, *So Far from Allah, So Close to Mexico: Middle Eastern Immigrants in Modern Mexico* (Austin: University of Texas Press, 2007); Jeffrey Lesser, *A Discontented Diaspora: Japanese Brazilians and the Meanings of Ethnic Militancy, 1960–1980* (Durham, NC: Duke University Press, 2007); Kathleen López, *Chinese Cubans: A Transnational History* (Chapel Hill: University of North Carolina Press, 2013); Rosemarijn Hoefte, *In Place of Slavery: A Social History of British Indian and Javanese Laborers in Suriname* (Gainesville: University Press of Florida, 1998).

都影响了向跨越政治边界的国际研究的转向，但是以非常不同于传统的外交史和对外关系史的方式。在美国，有两本文集是这一转向的代表性著作：《帝国的亲密接触：撰写美国－拉丁美洲关系的文化史》（1998）和《想象我们的美洲：迈向跨国框架》（*Imagining Our Americans: American Relations*，2007）。正如吉尔·约瑟夫（Gil Joseph）在第一本文集的理论性导言中所言：长期以来，研究拉美的学者一直关注美洲内部的关系，但倾向于优先研究外交、经济和军事干预；较新的研究则关注文化与权力之间的关系，并颠覆了许多传统的概念，如国家、民族、发展和现代性。非常类似于边疆史，这一新领域经常采用文学概念"接触地带"（contact zone，来自比较文学学者玛丽·路易斯·普拉特），以强调不稳定性、流动性和多元的声音。①

美国在20世纪80年代对中美洲的干预，以及2001年后对中东的干预，促使历史学者研究冷战期间及以后的美拉关系，撰写了许多优秀著作。格雷格·格兰丁（Greg Grandin）在近20年中尤为多产，他先是在《最后的殖民屠杀：冷战中的拉丁美洲》（*The Last Colonial Massacre: Latin America in the Cold War*，2004）中关注中美洲，然后在《帝国工坊：拉美、美国和新帝国主义的崛起》（*Empire's Workshop: Latin America, the United Srates, and the*

---

① Gilbert M. Joseph, Catherine C. LeGrande, and Ricardo D. Salvatore, eds, *Close Encounters of Empire: Writing the Culture History of U.S.–Latin American Relations* (Durham, NC: Duke University Press, 1998), pp. 3–4.

第六章 超越拉美史

Rise of the New Imperialism,2007)中全面评估了美国在拉丁美洲的干预对中东"反恐战争"的影响。一些最佳的作品是由政治学者完成的,如拉斯·舒尔茨的《美国之下:美国对拉美政策的历史》(Lars Schoultz, Beneath the United States: A History of U.S. Policy Toward Latin America, 1998),以及彼得·H.史密斯的《鹰之爪:拉丁美洲、美国和世界》(Peter H. Smith, Talons of the Eagle: Latin America, the United States, and the World, 2011)。

更传统的历史研究主要关注民族国家、政府和官方交流,而较新的跨国研究则探讨科学机构、社会运动、文化网络、非政府组织和许多其他非传统和非精英行为体间跨越边界的关系。和边疆史一样,这种新的跨国史产生于美国研究和拉丁美洲研究的学者们的结合,他们试图重新定义、重新设定,或废除或重建半个多世纪以来局限在美洲国家边界内的"地区研究"。一些重要的新研究挑战了"美国例外论"的概念,重新将美国归类于一个帝国势力,将这个国家重塑为一个多元文化的社会,而拉丁美洲和加勒比的移民对此做出了长期而有力的贡献。与英国的新帝国史一样,跨国的历史学者们重现和解构了性别、种族、性和民族性的概念。新的学术研究摆脱了以往对国家的关注,挑战了"国家分析的首要地位,而思考整个美洲"。[①]

音乐研究在这一跨国转向中占据了重要地位。以美国研究背景

[①] Sandhya Shukla and Heidi Tinsman, eds, *Imagining Our Americas: Toward a Transnational Frame* (Durham, NC: Duke University Press, 2007), p. 6.

为基础,米格·塞吉的《实力悬殊的相遇:在巴西与美国制造种族与民族国家》(Micol Seigel, *Uneven Encounters: Making Race and Nation in Brazil and the United States*,2009)极力回避以民族国家为中心的分析,而把咖啡消费、音乐和新闻作为理解种族观念的手段,考察精英和非精英之间的关系和文化流动。帕布罗·帕尔米诺(Pablo Palmino)有拉美史研究背景,其《拉丁美洲音乐的发明》(*The Invention of Latin Amerioan Music*,2020)通过几十年来的多个跨国家网络,追踪了"拉丁美洲音乐"这一概念本身的出现。顾名思义,毒品和毒品贩运的历史也是一个著名的跨国题材。保罗·古腾伯格的《安第斯可卡因:一个全球毒品的形成》(Paul Gootenberg, *Andean Cocaine: The Making of a Global Drug*,2009)是一个很好的例子,这部历史作品既跨越了许多政治边界,也承认了这些边界的重要性。公共卫生、医药和科学研究作为跨越国界的非政府合作也受到了关注。①

新经济史?

经济史的新进路也跨越了国家和帝国的界限,既延续了旧的传

---

① José Amador, *Medicine and Nation Building in the Americas, 1890–1940* (Nashville: Vanderbilt University Press, 2015); Marcos Cueto, *Missionaries of Science: The Rockefeller Foundation and Latin America* (Bloomington: Indiana University Press, 1994); Diego Armus, ed., *Disease in the History of Modern Latin America: From Malaria to AIDS* (Durham, NC: Duke University Press, 2003).

第六章　超越拉美史

统，又开拓了新的理论领域。拉丁美洲的经济史有着悠久的量化、实证主义和结构主义的传统，但随着许多历史学者的文化转向，这一领域陷入了困境。从60年代开始，特别是在拉丁美洲，在拉美史学中占主导地位的依附理论建立在政治经济学研究的传统之上。90年代后，文化转向使历史学者背离了结构、元叙事和唯物主义，尤其是在美国。新自由主义的兴起和全球化的加速使拉丁美洲进入了一个新的经济史阶段，而依附论者和世界体系的理论家已经从历史研究的前沿退了下来。(有一个很讽刺的历史事实：费尔南多·恩里克·卡多索，60年代和70年代最著名的依附论理论家之一，在90年代末作为巴西总统实施了一系列深刻的新自由主义经济改革。)随着在该地区大部出现了形式上的民主，以及革命动乱结束，许多学者从经济和发展转向了对身份、政治和文化的关注。经济史仍然存在，但只是在美国和欧洲的拉美史边缘的一个非常小的领域。

新经济史最直言不讳的倡导者从美国经济理论家那里获得灵感，特别是1993年与罗伯特·W.福格尔一起获得诺贝尔经济学奖的道格拉斯·诺斯（1920—2015）。诺斯以对产权、市场和交易成本等制度的研究而享有盛名。斯蒂芬·哈伯（斯坦福大学和胡佛研究所）是将新制度经济学应用于拉丁美洲史的最知名的倡导者，他斥责那些在他眼中糊涂、不合逻辑和反实证的文化史学者。他培养了一批人数不多但很活跃的历史学者，尤其对墨西哥和巴西的经济史进行了高度复杂的定量分析。不幸的是，对历史学来说，经济史在很大程度上被控制主要期刊的经济学学者所垄断,书写经济史需要接受数学和理论训练,而很少有历史学者选择这么做。拉美史学者,特别是那些不善于计算的人,很少阅读这种风格的经济史,即使不是完全不读的话。①

还有一种较少量化和理论的经济史风格,来自于该领域对贸易和商业的长期关注。特别是,这些历史学者关注"商品链",跟随商品穿行于国家、地区和全球。这一趋势在某种程度上是大致源于美国史研究的"新资本主义史"兴起的结果。它对旧的政治经济学模型加以修正,减少其僵化、等级分明和决定论色彩。斯文·贝克特的《棉花帝国》(Sven Beckert, *Empire of Cotton*, 2014)或史蒂文·托皮克(Steven Topik)对咖啡的研究,说明了特定商品是如何生产、流通和影响世界多个地区的。与旧的政治经济学不同,这些历史学者更多地将人的能动性引入分析之中,重新构建人际网络以及个人在资本主义地区和全球传播中的创造性作用。这些历史学者没有回到旧式的结构主义和唯物主义,其研究我们可以称为物质性的文化(the culture of materiality)。

---

① 参见,例如 Stephen Haber, ed., *How Latin America Fell Behind: Essays on the Economic Histories of Brazil and Mexico* (Stanford, CA: Stanford University Press, 1997), and *Political Institutions and Economic Growth in Latin America: Essays in Policy, History, and Political Economy* (Stanford, CA: Hoover Institution Press, 2000); Gail D. Triner, *Banking and Economic Development: Brazil, 1889–1930* (New York: Palgrave Macmillan, 2000); Anne G. Hanley, *Native Capital: Financial Institutions and Economic Development in São Paulo, 1850–1920* (Stanford, CA: Stanford University Press, 2005)。

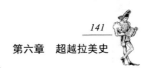

第六章　超越拉美史

大西洋世界的出现

在过去三十年里，振兴和挑战拉丁美洲史领域的最具创造性和扩张性的方法也许是大西洋世界史。与边疆研究一样，大西洋史也是由来已久的研究进路，而最近的历史学者对其进行了修正和改造。究其根本，许多拉丁美洲的殖民历史本质上就是跨大西洋的、帝国的历史。肖尼和厄尔·汉密尔顿的经济史以及早期殖民统治史经典作品，通常都是跨越大西洋的主题。20 世纪 70、80 年代，哈佛大学的伯纳德·贝林（Bernard Bailyn，1922—2020）和约翰斯·霍普金斯大学的教师们开展了大西洋史的项目，出版了系列著作。大西洋世界史作为一种自觉和创新的进路在 20 世纪 90 年代开始全面兴起，并吸引了大洋两岸、南北半球的历史学者，尽管大部分研究是由在美国的历史学者完成的。

最出色的大西洋世界史能使我们重新思考旧问题、类别和联系。而最平庸的情况下，研究帝国、殖民化或特定地区的历史学者仅仅嘴上声称自己的工作是以大西洋为导向的，而实际研究与这一新进路出现之前的历史学者大同小异。正如阿里森·盖姆斯（Alison Games）所言，很多研究只是贡献了"大西洋周围各地的历史，而不是大西洋的历史"。① 鉴于四个大洲和数千种语言、文化和政治体在多个世纪以来与这片巨大的海洋相连，撰写真正以大西洋为中心

---

① Alison Games, "Atlantic History: Definitions, Challenges, and Opportunities," *American Historical Review*, 111/3 (2006): 741–757; 引文见第 745 页。

的历史所面临的挑战是非常艰巨的。就像边疆史一样,该领域也遭到了一些批评,如质疑其概念化与界限的有效性,无论在空间上还是时间上。

大多数学者可能会同意,大西洋世界在 15 世纪随着欧洲人的航行开始形成,最初沿着非洲海岸南下,关键时刻是哥伦布在 1492 年底抵达加勒比海。几个世纪以来,人们从北到南横跨大西洋的移动逐渐将四大洲连接起来。更有争议的是其时段的另一端。该领域的大部分研究都集中在殖民地时期到 19 世纪。一些人认为,1776 年到 19 世纪 30 年代之间民族国家的崛起标志着大西洋世界的结束和一个更加全球化时代的开始。另一些人认为,奴隶制的结束——19 世纪 30 年代在英国加勒比地区,60 年代在美国,以及 80 年代在古巴和巴西——是拐点。虽然有些人引用了 20 世纪的术语,但该领域绝大多数学者将大西洋世界看作一种历史进路,以及一个从 15 世纪延伸到 19 世纪的历史时段。

最佳形式的大西洋世界史作品跨越了各种界限和边界。许多研究仍然受制于旧有的帝国体系(法国、荷兰、英国、西班牙、葡萄牙)或语言专业知识。大西洋世界史最令人生畏的挑战之一是阅读以多种语言写成的跨越帝国体系和地理区域的资料(一个出色的例子是帕特里夏·锡德的《欧洲征服新世界的占领仪式,1492—1640》[*Ceremonies of Possession in Europe's Conquest of the New World, 1492—1640*,1995])。研究伊比利亚美洲南大西洋的学者们有时会批评他们的英国同僚,因为他们声称要写大西洋世界,却偏狭于英

第六章　超越拉美史

帝国（和语言）的范围内。例如，伯纳德·贝林因为没有把非洲作为一个完全的参与者纳入分析而被批评为在宣扬欧洲中心论的视野。

该领域的主要人物强调，需要撰写真正跨区域和跨大洋的作品，包括多个民族、文化、帝国和国家的相互联系、相遇和交流。① 与一般的文化史，特别是与边疆史一样，研究大西洋世界的学者强调当地人的能动性（agency）和偶然性（contingency）、谈判、竞争、交流和混合（hybridity）。混合也许是过去一代人在文化史和大西洋世界史中使用最多的概念。几十年来，关于混合的争论之一是"克里奥尔化"一词的含义和重要性。它实用性最强的含义指的是语言、宗教习俗、食物和文化混合（无论是否强制）后，出现的个体与文化。一些人认为，这意味着文化的湮灭（尤其是非洲和美洲土著）。也有人，如艾拉·柏林和简·兰德斯，赞扬在多帝国、国家、族群和文化间游走的个体的创造性和能动性。②

最有启发性、最跨越边界的研究集中在单一商品上——烟草、棉花、巧克力、葡萄酒、糖、咖啡、大米、绿宝石、珍珠，并追踪从生产到消费的网络和路径。有些著作出自研究非洲史的学者，研究范围向西扩及美洲；有些著作出自研究英属北美历史的学者，研

---

① 同上，以及 Jorge Cañizares-Esguerra and Benjamin Breen, "Hybrid Atlantics: Future Directions for the History of the Atlantic World," *History Compass,* 11/8 (2013): 597–609。

② Ira Berlin, *Many Thousands Gone: The First Two Centuries of Slavery in North America* (Cambridge, MA: Belknap Press, 1998); Jane Landers, *Atlantic Creoles in the Age of Revolutions* (Cambridge, MA: Harvard University Press, 2010); Robin Cohen and Paolo Toninato, eds, *The Creolization Reader: Studies in Mixed Identities and Cultures* (New York: Routledge, 2009).

究范围扩及加勒比海和大西洋；有些著作的作者是那些接受研究大西洋世界不同地区的历史学家培养训练的人，他们的地理家园还真不好确定。重建这些商品广泛而迂回的路径，创造了丰富且有益的视角，这是其他坚守在以帝国和国家为单位进行研究的学者忽视或低估了的。然而，跨越帝国、国家、语言和文化所带来的挑战，尤其是要突破既定的历史学的界限，使这类研究格外令人生畏。①

大西洋历史的先锋领域之一，可以追溯到几十年前对跨大西洋奴隶贸易的研究。菲利普·科汀的巨著《跨大西洋奴隶贸易：一项统计》（Philip Curtin, *The Atlantic Slave Trade: A Census*, 1969）是第一次严谨的、学术性的对奴隶运输的量化尝试。科汀估计有950万非洲人被运往美洲，这个数字几十年来一直是一个基准。现在较高的估计是，在1450—1870年间约为1400万至1500万。科汀（1922—2009）于20世纪50年代在威斯康星大学联合创建了首批非洲研究中心之一，1975年后在约翰斯·霍普金斯大学推动大西洋研究项目。他关于疾病、种植园和贸易的著作《迁移而亡》（*Death by Migration*, 1989）、《种植园综合体的兴衰》（*The Rise and Fall*

---

① Sidney W. Mintz, *Sweetness and Power: The Place of Sugar in Modern History* (New York: Viking, 1985); Judith Carney, *Black Rice: The African Origins of Rice Cultivation in the Americas* (Cambridge, MA: Harvard University Press, 2001); Marcy Norton, *Sacred Gifts, Profane Pleasures: A History of Tobacco and Chocolate in the Atlantic World* (Ithaca, NY: Cornell University Press, 2008); Molly A. Warsh, *American Baroque: Pearls and the Nature of Empire, 1492–1700* (Chapel Hill: University of North Carolina Press, 2018); Kris Lane, *Color of Paradise: The Emerald in the Age of Gunpowder Empires* (New Haven, CT: Yale University Press, 2010).

of the Plantation Complex，1990）和《世界历史中的跨文化贸易》（*Cross Cultural Trade in World History*，1984），是非洲史和大西洋史的奠基之作。赫伯特·S.克莱因（1936年生人）从20世纪60年代开始，一直到21世纪（在《大西洋奴隶贸易》[*The Atlantic Slave Trade*，2010]中），进一步完善和补充了贸易的量化数据。到了20世纪90年代，由众多学者收集的数据组建起一个巨大的、持续完善的数据库，其中包括40,000多次贩奴船航行的数据。由埃默里大学的大卫·埃利斯（David Eltis）和赫尔大学的大卫·理查森（David Richardson）建立的奴隶贸易网站www.slavevoyages.org成为历史学者重要且实用的工具，无论其研究是否以量化数据为导向。近年来，历史学者也更加关注美洲内部的奴隶贸易。

经过四大洲的历史学者近半个世纪的工作，跨大西洋奴隶贸易的历史学研究成果浩繁。其中大部分研究是由美国、英国和巴西的历史学者完成的。在社会史时代，许多研究转向了定量研究，因为历史学者（如科汀和克莱因）试图了解贸易的规模、源头和目的地，以及被俘奴隶的人口学特征。随着历史学者越来越多地转向文化，他们的目光转向了人口贩运导致的人种、语言、宗教体系在大西洋世界（及其以外地区）的散布。社会学家奥兰多·帕特森（Orlando Patterson）有争议的作品《奴隶制与社会死亡》（*Slavery and Social Death*，1985）、保罗·吉尔罗伊（Paul Gilroy）开创性的《黑色大西洋》（*Black Atlantic*，1993）和洛兰·马特里（Lorand Matory）的《黑色大西洋宗教》（*Black Atlantic Religion*，2005）都深入探讨了大西洋两岸非洲人的社会和文化经历。

近几十年来，一批人数不多但很重要的历史学者在大西洋两岸开展研究，努力揭示人口迁移在非洲一侧的面貌。仅举几例，约翰·桑顿、琳达·海伍德、乔·米勒、沃尔特·霍桑和玛丽安娜·坎迪多都是受过非洲史训练的学者的典范，他们的目光跨越大西洋转向西方。① 尽管有了越来越多的非洲史基础，但绝大多数关于拉丁美洲的著作是由受过美洲史训练的学者完成的，他们将目光向东，朝向被奴役的非洲人的家园。与边疆史学者一样，大西洋世界史学者接受的是不同类型的学术训练：拉丁美洲史、加勒比地区史、美国史、欧洲史和非洲史。有几所大学将研究不同地理区域的教师聚集在一起，创建了大西洋世界历史的博士项目（可以追溯到20世纪70年代和约翰斯·霍普金斯大学的大西洋研究项目）。多年来，拉丁美洲史学会的委员会还是主要以国家或区域地理为基础。在21世纪初，拉丁美洲史学会的一些学者认识到大西洋领域蓬勃发展的影响力，创建了大西洋世界委员会。

---

① John Thornton, *Africa and Africans in the Making of the Atlantic World, 1400–1800* (2nd edn, New York: Cambridge University Press, 1998); Linda M. Heywood, ed., *Central Africans and Cultural Transformations in the American Diaspora* (New York: Cambridge University Press, 2002); Joseph C. Miller, *Way of Death: Merchant Capitalism and the Angolan Slave Trade, 1730–1830* (Madison: University of Wisconsin Press, 1988); Walter Hawthorne, *From Africa to Brazil: Culture, Identity, and an Atlantic Slave Trade, 1600–1830* (New York: Cambridge University Press, 2010); David Wheat, *Atlantic Africa and the Spanish Caribbean, 1570–1640* (Chapel Hill: University of North Carolina Press, 2016); and Mariana Candido, *An African Slaving Port and the Atlantic World: Benguela and Its Hinterland* (Cambridge: Cambridge University Press, 2013).

第六章 超越拉美史

种族与族群

拉丁美洲的种族和族群历史与大西洋世界历史密切相关，当然也有自己的悠久传统。在三个世纪的殖民统治中，美洲原住民、非洲人和伊比利亚人的碰撞造就的种族和族群史，处于拉美历史的核心。在过去的两个世纪里，来自中东、南亚、东亚和欧洲的移民让该地区的种族和族群人口结构更加复杂。正如我们在其他研究中看到的那样，人类学家、社会学家和历史学者相互学习，相互影响，甚至有时进行合作，做出了创新的研究。① 在过去的一个世纪里，社会科学学者的民族志学和理论探究催生了一些基础性著作，通常刺激着历史学者去探寻当代种族关系的历史根源。墨西哥知识分子何塞·巴斯孔塞洛斯（José Vasconcelos）关于"宇宙种族"、吉尔贝托·弗莱雷（Gilberto Freyre）关于巴西混血，以及加勒比/法国/非洲的知识分子，如利奥波德·桑戈尔（Léopold Senghor，1906—2001）、艾梅·塞泽尔（Aimé Césaire，1913—2008）和里昂·达玛（Léon Damas，1912—1978）关于黑人性运动（négritude）的经典

---

① 社会科学学者为我们理解拉丁美洲种族的历史做出贡献的一些突出例子（仅举几例），有 Marvin Harris, *Patterns of Race in the Americas* (New York: W. W. Norton, 1964); Peter Wade, *Race and Ethnicity in Latin America* (London: Pluto Press, 1997); Kwame Dixon and John Burdick, eds, *Comparative Perspectives on Afro-Latin America* (Gainesville: University Press of Florida, 2012); Edward E. Telles, ed., *Pigmentocracies: Ethnicity, Race, and Color in Latin America* (Chapel Hill: University of North Carolina Press, 2014); Tianna S. Paschel, *Becoming Black Political Subjects: Movements and Ethno- Racial Rights in Colombia and Brazil* (Princeton, NJ: Princeton University Press, 2016)。

著作，在 20 世纪前几十年里建立了范例。要研究该地区以及该地区许多国家的历史，学者们必须掌握种族和种族思想的历史。

随着社会史的兴起，许多历史学者转而将种族研究作为一个重要的分析范畴。有关非裔拉美人和原住民的历史研究的显著增多，促进了种族和族群研究领域的发展。几个世纪以来，许多国家出现了种族和文化混血的人口，产生了许多既非黑人，也非白人或土著的中间群体。由于美洲各地有共同的征服、殖民、奴隶制和移民历史，对种族和族群的研究往往采取比较方法。最明显的是奴隶制和种族关系的比较研究，它有很长的传统，至少可以追溯到 20 世纪 40 年代。卡尔·德格勒的《非黑非白》（1971）曾多次获奖，该书比较了美国和巴西的种族历史，试图揭示种族关系在美洲两个最大的奴隶制社会中如何以及为何走上如此不同的道路。拉丁美洲大量的梅斯蒂索①和穆拉托②在这些国家和跨国研究中扮演了重要角色。

60 年代后，社会史推动了对种族的研究，特别是从量化的角度；文化史的出现则激发了对种族理论的探索，促使与种族相关的理论化出现了爆炸式发展，不仅指向当代社会，而且追溯到过去。社会科学学者和历史学者明确地强调种族是一种文化建构，促使许多学者研究这些种族类别是如何被建构和随时间变化的。③ 在危地马拉、秘

---

① mestizo，白人与印第安混血。——译者注
② mulatto，黑白混血。——译者注
③ 其中最有影响力的文章，参见 Michael Omni and Howard Winant, *Racial Formation in the United States* (New York: Routledge, 1986)。

第六章　超越拉美史

鲁、厄瓜多尔和玻利维亚等国家，历史学者经常关注原住民的作用以及他们是如何被想象和压迫的。① 在墨西哥和巴西这两个以种族混合（mestizaje, mestiçagem）为基础建构民族身份的国家，一些历史学者研究了这类民族叙事如何成为主导，而另一些人则探究了混血儿（mestizo/mestiço）这一分类本身的历史建构。② 在深入探究殖民地时期的历史后，学者们揭示了种族分类难以想象的复杂性和流动性，以及殖民官员将固定身份强加给具有复杂种族背景的个人的徒劳努力。

随着对当代社会和历史的研究在过去三十年里成倍增加，种族和族群分类的复杂性、流动性和随着时间的推移而被建构的特性越来越明显。即便在当下，我们依然为各种分类的本质和谁属于这些类别而争论不休。即使不是受到福柯或是他的追随者启发，这也导致了历史学者去发现关于种族和族群的知识体系（regime of knowledge）。一些学者通过科学家、政治家和政策制定者的智识

---

① Marisol de la Cadena, *Indigenous Mestizos: The Politics of Race and Culture in Cuzco, 1919–1991* (Durham, NC: Duke University Press, 2000); Greg Grandin, *The Blood of Guatemala: A History of Race and Nation* (Durham, NC: Duke University Press, 2000); Brooke Larson, *Trials of Nation Making: Liberalism, Race, and Ethnicity in the Andes* (Cambridge: Cambridge University Press, 2004).

② 仅举几个研究种族和国家叙事的作品的例子，参见 Alejandro de la Fuente, *A Nation for All: Race, Inequality and Politics in Twentieth-Century Cuba* (Chapel Hill: University of North Carolina Press, 2001); Michael E. Stanfield, *Of Beasts and Beauty: Gender, Race, and Identity in Colombia* (Austin: University of Texas Press, 2013); Winthrop R. Wright, *Café con leche: Race, Class, and National Image in Venezuela* (Austin: University of Texas Press, 1990); Barbara Weinstein, *The Color of Modernity: São Paulo and the Making of Race and Nations in Brazil* (Durham, NC: Duke University Press, 2015); Thomas E. Skidmore, *Black into White: Race and Nationality in Brazilian Thought* (Durham, NC: Duke University Press, 1993)。

史,一些则深入研究使各个种族类别制度化的机构的历史,如人口普查局、政府机构和法律制度,来达此目的。① 几十年来关于种族和族群的历史研究清楚地表明,种族类别是以不同方式、在不同的时期、在很多社会中,从文化和社会方面构建的,但它们在人们的生活中已经带来(并将继续带来)非常实际的影响。

自然转向?

环境史为过去一代人提供了另一种历史学转向,它有时忽视拉丁美洲的政治边界,有时远远超过该地区的地理范围。虽然在20世纪的历史学中环境扮演了重要的角色,但是从环境的视角来研究拉丁美洲历史是一个非常新的现象。② 学者们对前哥伦布时代和殖民地

---

① Robert J. Cottrol, *The Long Lingering Shadow: Slavery, Race, and Law in the American Hemisphere* (Athens: University of Georgia Press, 2013); Mara Loveman, *National Colors: Racial Classification and the State in Latin America* (Oxford: Oxford University Press, 2014); Melissa Nobles, *Shades of Citizenship: Race and the Census in Modern Politics* (Stanford, CA: Stanford University Press, 2000); Marcos Chor Maio and Ricardo Ventura Santos, eds, *Raça, ciência e sociedade* (Rio de Janeiro: Editora Fiocruz, 1996); Alejandro de la Fuente and Ariela J. Gross, *Becoming Free, Becoming Black: Race, Freedom, and Law in Cuba, Virginia, and Louisiana* (New York: Cambridge University Press, 2020).

② 参见"Introduction: Finding the 'Latin American' in Latin American Environmental History," in John Soluri, Claudia Leal, and José Augusto Pádua, eds, *A Living Past: Environmental Histories of Modern Latin America* (New York: Berghahn Books, 2018); Mark Carey, "Latin American Environmental History: Current Trends, Interdisciplinary Insights, and Future Directions," *Environmental History,* 14/2 (2009): 221–252; and Germán Palacio, "An Eco-Political Vision for an Environmental History: Toward a Latin American and North American Research Partnership," *Environmental History,* 17/4 (2012): 725–743.

第六章 超越拉美史

时代进行了出色的研究，但环境史主要研究的还是后殖民时期，大部分研究仍然以民族国家为中心。该领域的特点是充满活力的跨学科性，汇集了自然科学、社会科学和人文领域的专家。可以想见，地理学家是早期环境史的主要贡献者，其中最引人注目的是20世纪中期加州大学伯克利分校的一系列学者，如卡尔·O.绍尔和罗伯特·韦斯特。阿尔弗雷德·克罗斯比（Alfred Crosby，1931—2018）是该领域的重要先驱，他的《哥伦布大交换》（*The Columbium Exchange*，1972）和《生态帝国主义》（*Ecological Imperialism*，1986）是开创性的成果。克罗斯比大胆地指出哥伦布在1492年启动了病菌、植物、动物和人类交流的进程——这一进程是持续且不可逆转的，并阐述了它所引发的全球变革的重要影响。《哥伦布大交换》生动地展示了"1492年的生物和文化后果"，超越了国家和帝国的政治边界。而他对"生态帝国主义"的研究侧重于欧洲人如何在全球范围内寻求建立新欧洲（neo-Europes），并在沿途大肆破坏生态。

大量关于环境史的研究叙述了拉丁美洲因森林砍伐、疾病、采矿和大规模农业转型而遭受的破坏。该领域的另一位先驱沃伦·迪安（Warren Dean，1932—1994）从研究圣保罗的工业化转向研究农村的咖啡经济，然后全面转向环境史。在《巴西与橡胶之争》（*Brazil and the Struggle for Rubber*，1987）中，他通过展示南美叶枯病如何终结了巴西的种植园橡胶生产，重新构建了我们对19世纪末亚马逊橡胶繁荣的理解：一种在自然界发现的真菌改变了巴西和世界历史的进程。迪安的最后一部作品《用斧头与火把》（*With Broadax and*

Firebrand，1995）慷慨激昂地分析了五个世纪以来人类的定居和开发造成的"巴西大西洋森林的破坏"。

正如克罗斯比所证明的那样，新植物和动物的引入改变了美洲的生态环境。埃莉诺·梅尔维尔（Elinor Melville）的杰出作品《羊灾》（*A Plague of Sheep*，1994）（最初是在查尔斯·吉布森的指导下完成的论文）是对新动物群和美洲景观之间关系的开创性分析。在过去的二十年里，对美洲和全球其他地区之间的生物和植物学交流的分析带来了许多优秀作品。与大西洋史和边疆史类似，这些作品跨越了众多国界，其作者有的自认为是拉美史专家，但也有的接受的是美国史、加勒比史、欧洲史和非洲史的训练。①

甚至在最近的环境史出现之前，很多研究就关注人类社会与自然的关系，特别是那些关于土地开发的研究。许多关于殖民地银矿生产的早期作品包含了矿物开采和精炼，特别是森林砍伐、汞中毒和水污染对环境影响的研究。真正的采矿环境史是最近几十年出现的，这些研究大多集中在后殖民时期。② 最活跃的领域之一是种植

---

① Arij Ouweneel, *Shadows over Anáhuac: An Ecological Interpretation of Crisis and Development in Central Mexico, 1730–1800* (Albuquerque: University of New Mexico Press, 1996); William W. Dunmire, *Gardens of New Spain: How Mediterranean Plants and Foods Changed America* (Austin: University of Texas Press, 2004); Judith A. Carney and Richard Nicholas Rosomoff, *In the Shadow of Slavery: Africa's Botanical Legacy in the Atlantic World* (Berkeley: University of California Press, 2009).

② Nicholas A. Robins, *Mercury, Mining, and Empire: The Human and Ecological Cost of Colonial Silver Mining in the Andes* (Bloomington: Indiana University Press, 2011); Inés Herrera Canales and Eloy González Marín, *Mining, Metallurgy, and the Environment in Mexico during the Twentieth Century* (Ottawa: International Council on Metals and the Environment, 1995).

第六章 超越拉美史

园农业，特别是现代时期。比如最近对中美洲的香蕉、尤卡坦的剑麻和巴西的糖的研究仅仅是其中三个例子，它们以创造性的方式将农业经营史、生态史和政治史联系起来。米尔娜·圣地亚哥（Myrna Santiago）关于20世纪初墨西哥石油生态的书是一个很好的例子，证明环境转向适用于那些已从其他角度被充分研究的工业部门。就像我们最近看到的许多其他出版物一样，这些作品经常跨越多个政治和地理单元。① 格雷格·库什曼的《鸟粪和太平洋世界的开放》（Greg Cushman, *Guamo and the Opening of the Pacific World*, 2013）以秘鲁沿海的小岛为锚，进行了跨越太平洋内外地区的分析。

伴随着破坏，环境保护成为最近环境史作品的一个主要主题。其中大部分都是关于20世纪的。艾米丽·瓦基德和莱恩·西蒙尼的书探讨了墨西哥的环境保护问题，而斯特林·埃文斯（Sterling Evans）的《绿色共和国》（*Green Republic*, 1999）则批判性地研究

---

① John Soluri, *Banana Cultures: Agriculture, Consumption, and Environmental Change in Honduras and the United States* (Austin: University of Texas Press, 2005); Sterling Evans, *Bound in Twine: The History and Ecology of the Henequen– Wheat Complex for Mexico and the American and Canadian Plains, 1880–1950* (College Station: Texas A&M University Press, 2007); Thomas D. Rogers, *The Deepest Wounds: A Labor and Environmental History of Sugar in Northeast Brazil* (Chapel Hill: University of North Carolina Press, 2010); Reinaldo Funes Monzote, *From Rainforest to Cane Field in Cuba: An Environmental History Since 1492*, trans. Alex Martin (Chapel Hill: University of North Carolina Press, 2008); Arturo Warman, *Corn and Capitalism: How a Botanical Bastard Grew to Global Dominance*, trans. Nancy L. Westrate (Chapel Hill: University of North Carolina Press, 2003).

了哥斯达黎加对其著名的森林的保护和破坏。①近年来,最活跃的研究领域之一是控制和分配水资源的努力,特别是在殖民时代和后殖民时代的墨西哥。②气候和气候变化也成为研究的一个重要焦点。学者们撰写了关于大西洋的飓风、安第斯山脉的冰川融化和厄尔尼诺现象的著作。③

与边疆史的情况一样,历史学者在不同国家和不同类型的环境中进行了大量的研究,但案例研究远多于综合研究。该地区的环境史综述(截至目前)一般都由一系列主题构成,聚焦在殖民时期或后殖民时期。④2004 年成立的拉丁美洲和加勒比环境史学会(La

---

① Lane Simonian, *Defending the Land of the Jaguar: A History of Conservation in Mexico* (Austin: University of Texas Press, 1995); Emily Wakild, *Revolutionary Parks: Conservation, Social Justice, and Mexico's National Parks, 1910–1940* (Tucson: University of Arizona Press, 2011).

② Patricia Romero Lankao, *Obra hidráulica en la ciudad de México y su impacto socioambiental, 1880–1990* (Mexico City: Instituto Mora, 1999); Sonya Lipsett-Rivera, *To Defend Our Water with the Blood of Our Veins: The Struggle for Resources in Colonial Puebla* (Albuquerque: University of New Mexico Press, 1999); Mikael Wolf, *Watering the Revolution: An Environmental and Technological History of Agrarian Reform in Mexico* (Durham, NC: Duke University Press, 2017).

③ Stuart B. Schwartz, *Sea of Storms: A History of Hurricanes in the Caribbean from Columbus to Katrina* (Princeton, NJ: Princeton University Press, 2015); Mark Carey, *In the Shadow of Melting Glaciers: Climate Change and Andean Society* (Oxford: Oxford University Press, 2010); Cesar N. Caviedes, *El Niño in History: Storming through the Ages* (Gainesville: University Press of Florida, 2001).

④ 参见 Fernando Ortiz Monasterio, *Tierra profanada: historia ambiental de México* (Mexico City: Instituto Nacional de Antropología e Historia, 1987); Germán Palacio, *Fiebre de la tierra caliente: una historia ambiental de Colombia, 1850–1930* (Bogotá: ILSA-UNAL-Leticia, 2005); Shawn William Miller, *An Environmental History of Latin America* (Cambridge: Cambridge University Press, 2007); John Soluri, Claudia Leal, and José Augusto Pádua, eds, *A Living Past: Environmental Histories of Modern Latin America* (New York: Berghahn Books, 2018)。

第六章 超越拉美史

Sociedad Latinoamericana y Caribeña de Historia Ambiental, SOLCHA）及其每两年举行一次的会议（www.solcha.org）是该领域发展的一个确切标志。随着环境史学者们从研究全球其他地区的历史学者的工作中学习并进行自我批评，这个不断壮大的历史学者群体内部进行着活跃的讨论，这是环境史走向成熟的另一个标志。这种讨论的最前沿是自然本身的性质。美国和欧洲环境史的文化转向导致一些人认为，自然是一种文化建构，环境史学家必须打破人类和自然之间的障碍，这也成为许多历史学者的研究方法。将非人类（尤其是植物和动物）视为历史中更有主动性的角色，挑战了传统的环境史和历史学本身的性质。[①]

科学、医学、公共卫生和技术

拉丁美洲的科学、医学和公共卫生史有时与环境史密切相关，但它们自己的传统要长得多，而且很发达。早期的作品可以追溯到20世纪初，特别是阿根廷和墨西哥，一般是纪念本地区的英雄人物和成就的作品，因为北大西洋的人往往认为这个地区缺乏现代科学和医学的传统。何塞·巴比尼的经典早期出版物《阿根廷科学的演变》（José Babini, *La evolución del pensamiento cientifico argentino*, 1954）和埃利·德·戈塔里的《墨西哥历史中的科学》（Eli de

---

① Martha Few and Zeb Tortorici, eds, *Centering Animals in Latin American History* (Durham, NC: Duke University Press, 2013).

Gortari，*La ciencia en la historia de México*，1963）反映了传统的历史学方法。直到20世纪末，欧洲和美国的科学和医学史家一般都认为现代性和科学是源于欧洲并向外扩散的。传统的历史学将西班牙和葡萄牙及其殖民地描述为受天主教价值观和文化的阻碍，错过了科技革命。20世纪70年代和80年代，拉丁美洲和美国的研究生项目开始培养科学、医学和技术史学者，基于许多有力的、以国别为单位的历史学者小组建立了一个充满活力的跨大西洋共同体。有些研究带有强烈的民族主义色彩，而另一些研究则体现出真正的跨大西洋甚至全球史的进路。①

20世纪60年代以后的许多新增著作都受到了现代化理论和依附论的影响。北大西洋世界科学史的主导模型将"现代科学"视为西方的创造，并逐渐扩散到其他地区。早期很多学者，无论是历史学者、科学家还是社会科学学者，在研究科学、医药和技术史的时候，都试图探寻"边缘"地区科学的弱点，解释它为什么无法为国家的发展建立科学和技术基础设施。早期的

---

① 参见 *Hispanic American Historical Review* 关于 "Science and Medicine in Latin America" 的特刊，91/3 (2011), 特别是 Simone Petraglia Kropf and Gilberto Hochman, "From the Beginnings: Debates on the History of Science in Brazil," pp. 391–408; Stuart McCook, "Focus: Global Currents in National Histories of Science: The 'Global Turn' and the History of Science in Latin America," *Isis*, 104/4 (2013): 773–776; Eden Medina, Ivan da Costa Marques, and Christina Holmes, eds, *Beyond Imported Magic: Essays on Science, Technology, and Society in Latin America* (Cambridge, MA: MIT Press, 2014) 的序言；以及 Pablo Kraimer and Hebe Vessuri, "Latin American Science, Technology, and Society: A Historical and Reflexive Approach," *Tapuya: Latin American Science, Technology and Society*, 1/1 (2018): 17–37。

第六章 超越拉美史

一些学术研究聚焦于科学机构与共同体的发展（与欠发展）。南希·斯特潘的《巴西科学的开端》（1976）是这个刚刚兴起的领域的里程碑式作品，也标志着她漫长而著作颇丰的学术生涯的开始。① 早期的大部分研究还集中于科学在国家和国家体制建设中的作用。

早期的作品也倾向于强调思想、帝国主义、殖民主义和科学知识的单向流动。受到文化史、后殖民主义和布尔迪厄的影响，历史学者对拉丁美洲的科学、技术和医学有了"混合"或"克里奥尔"式的看法。到 20 世纪 90 年代和 21 世纪初，前沿的研究强调外国科学家和当地人之间的智识和文化交流。例如，尼尔·萨佛的《测量新世界》（Neil Safier, *Measuring the New World*, 2008）重新审视了 18 世纪法国和西班牙为确定地球的形状而对南美洲进行的探险。他没有把重点放在欧洲对拉丁美洲的科学贡献上，而是通过当地人（包括原住民和非洲裔）对科学知识形成的贡献，展示了知识是如何从西方流向东方的。对殖民地时代科学考察的研究有着悠久的传统，但近几十年来出版的那些书，如萨佛的作品，揭示了过去被称为边

---

① Nancy Stepan, *Beginnings of Brazilian Science: Oswaldo Cruz, Medical Research and Policy, 1890–1920* (New York: Science History Publications, 1976); Simon Schwartzman, *A Space for Science: The Development of the Scientific Community in Brazil* (University Park: Pennsylvania State University Press, 1991 [1st edn in Portuguese, 1979]).

缘和中心的行为者之间最底层的社会和文化交流。①

科学和医学史家们一直处于这种文化和知识修正主义的前沿，驳斥旧的欧洲中心主义的叙事。他们表明，殖民地时期的拉丁美洲并不是一个科学和知识的荒野，缺乏最新的研究知识，也并非是没有创造力的不毛之地。斯图尔特·施瓦茨关于宗教裁判所的研究和豪尔赫·卡尼萨雷斯－埃斯格拉关于科学的研究，试图颠覆现代早期大西洋世界的传统叙事。两人都令人信服地论证了伊比利亚和伊比利亚美洲对现代科学、宗教宽容和启蒙运动的发生做出的贡献。②最近的作品解构了一度坚实的范畴——科学、热带地区、热带医学、自然，强调了欧洲人在拉丁美洲和全球各地遇到新的民族、植物群、动物群和地理环境时的文化建构。这些研究中有许多继续关注 19 世纪和 20 世纪的国家。其中最具创新性和挑战性的研究转向殖民地时代，研究文化和民族的奇特混合产生的"替代认识论"与

---

① Ángel Guirao Vierna, *La Real Expedición Botánica a Nueva España* (Madrid: CSIC, 1987); Daniela Bleichmar, *Visible Empire: Botanical Expeditions and Visual Culture in the Hispanic Enlightenment* (Chicago: University of Chicago Press, 2012); Daniela Bleichmar, Paula De Vos, Kristin Huffine, and Kevin Sheehan, *Science in the Spanish and Portuguese Empires, 1500–1800* (Stanford, CA: Stanford University Press, 2009).

② Stuart B. Schwartz, *All Can Be Saved: Religious Tolerance and Salvation in the Iberian Atlantic World* (New Haven, CT: Yale University Press, 2008); Jorge Cañizares-Esguerra, *How to Write the History of the New World: Histories, Epistemologies and Identities in the Eighteenth-Century Atlantic World* (Stanford, CA: Stanford University Press, 2001), and *Nature, Empire, and Nation: Explorations of the History of Science in the Iberian World* (Stanford, CA: Stanford University Press, 2006); Antonio Barrera-Osorio, *Experiencing Nature: The Spanish American Empire and the Early Scientific Revolution* (Austin: University of Texas Press, 2006).

第六章 超越拉美史

那些最终被贴上科学、医学或巫术、萨满教和民间疗法等标签的各类知识。①

20 世纪 70 年代和 80 年代出现的许多关于外国行为者和机构对拉丁美洲科学、医学和公共卫生的作用的研究反映了依附论的影响。这些研究往往强调外国科学家或洛克菲勒基金会等机构操纵或剥削当地的手法。在过去的 20 年里，历史学者们继续展示外部行为者的力量，但现在他们更加关注本地机构，以及本地行为体和机构与外部因素的互动。现在，历史学者不再将在拉丁美洲工作和生活的外国科学家视为帝国主义或殖民主义的代理人，而是倾向于将他们视为帝国或跨国格局中的中介人物。②一般来说，拉美学者强调"调和和重新阐释"以及"在中心－外围关系中包含协商与调和的双向运动"。③用马科斯·奎托的话来说，最近的研究也是在寻找"边

---

① Hugh Cagle, *Assembling the Tropics: Science and Medicine in Portugal's Empire, 1450–1700* (New York: Cambridge University Press, 2019); Pablo F. Gómez, *The Experiential Caribbean: Creating Knowledge and Healing in the Early Modern Atlantic* (Chapel Hill: University of North Carolina Press, 2017); Julyan Peard, *Race, Place, and Medicine: The Idea of the Tropics in Nineteenth-Century Brazilian Medicine* (Durham, NC: Duke University Press, 2000); Steven Palmer, *From Popular Medicine to Medical Populism: Doctors, Healers, and Public Power in Costa Rica, 1800–1940* (Durham, NC: Duke University Press, 2003); James H. Sweet, *Domingos Álvares, African Healing, and the Intellectual History of the Atlantic World* (Chapel Hill: University of North Carolina Press, 2013).

② Regina Horta Duarte, "Between the National and the Universal: Natural History Networks in Latin America in the Nineteenth and Twentieth Centuries," *Isis*, 104/4 (2013): 777–787, at p. 783.

③ Kropf and Hochman, "From the Beginnings: Debates on the History of Science in Brazil," p. 397.

缘的科学成就"。①

疾病史是近几十年来最具活力的研究领域之一。阿尔弗雷德·克罗斯比关于微生物交换的经典作品借鉴了该领域已经存在的悠久传统，特别是20世纪50年代伯克利学派关于美洲土著锐减的经典研究。20世纪60年代和70年代的定量转向建立在这一开创性的研究之上。在过去四分之一个世纪里，关于疾病的大部分研究都使用定量方法，尽管更加强调疾病的文化和社会后果。在对殖民地时代的持续研究中，出现了许多关于不同类型的疾病和流行病的丰富文献，如结核病和艾滋病。②

公共卫生往往与疾病史密切相关，吸引了整个拉丁美洲许多历史学者和社会科学学者的关注，其中最引人注目的是巴西。奥斯瓦尔多·克鲁兹基金会（南希·斯特潘第一本书的关注点）是巴西最重要的公共卫生研究机构，并在20世纪末启动了一个杰出的科学和

---

① Marcos Cueto, *Excelencia científica en la periferia: activi- dades científicas e investigación biomédica en el Perú, 1890–1950* (Lima: Tarea, 1989); Anne-Emanuelle Birn, *Marriage of Convenience: Rockefeller International Health and Revolutionary Mexico* (Rochester, NY: University of Rochester Press, 2006); Stuart McCook, *States of Nature: Science, Agriculture, and Environment in the Spanish Caribbean, 1760–1940* (Austin: University of Texas Press, 2002).

② Noble David Cook, *Born to Die: Disease and New World Conquest, 1492–1650* (Cambridge: Cambridge University Press, 1998); Diego Armus, *Disease in the History of Modern Latin America: From Malaria to AIDS* (Durham, NC: Duke University Press, 2003); Suzanne Austin Alchon, *A Pest in the Land: New World Epidemics in a Global Perspective* (Albuquerque: University of New Mexico Press, 2003); Marcos Cueto, *Cold War, Deadly Fevers: Malaria Eradication in Mexico, 1955–1975* (Baltimore: Johns Hopkins University Press, 2007); Shawn Smallman, *The AIDS Pandemic in Latin America* (Chapel Hill: University of North Carolina Press, 2007).

第六章 超越拉美史

医学史项目，拥有自己的一流期刊。公共卫生史已经成为一个真正的跨学科领域，而且还经常与当代问题直接联系。虽然许多研究集中在国家机构，但其进路越来越具有跨国和全球性。①

受文化转向的影响，研究后殖民地时期拉美史的学者在种族、优生学、国家建设和帝国方面进行了创新性研究。在这方面，南希·斯特潘又是开拓者。《优生学时刻》(*The Hour of Eugenics*, 1991)揭示了拉丁美洲的思想家们以许多创造性的方式将优生学概念与本国种族和性别动态相适应。福柯的生物权力概念，即通过学校、军队和医院来约束人口，极大地影响了许多这样的研究。最近的研究再次强调了科学家、公共卫生官员和知识分子的创造力和独创性②，而不是将拉丁美洲人简单地视为欧洲与美国科学和技术的被动消费者。对健康的关注催生了很多关于妇女与性的著作，有的集

---

① Jaime Larry Benchimol, *Manguinhos do sonho a vida: a ciência na Belle Epoque* (Rio de Janeiro: Fiocruz, 1990); Gilberto Hochman, *A era do saneamento: as bases da política de saúde pública no Brasil* (São Paulo: Editora Hucitec, 1998); Emilio Quevedo and Carlos Agudelo, *Café y gusanos, mosquitos y petróleo: el tránsito desde la higiene hacia la medicina tropical y la salud pública en Colombia, 1873–1953* (Bogotá: Universidad Nacional, 2004); Ann Zulawski, *Unequal Cures: Public Health and Political Change in Bolivia, 1900–1950* (Durham, NC: Duke University Press, 2007).

② Anne-Emanuelle Birn and Raúl Necochea López, "Footprints on the Future: Looking Forward to the History of Health and Medicine in Latin America in the Twenty-First Century," *Hispanic American Historical Review*, 91/3 (2011): 503–527; Laura Briggs, *Reproducing Empire: Race, Sex, Science, and U.S. Imperialism in Puerto Rico* (Berkeley: University of California Press, 2002); Julia Rodríguez, *Civilizing Argentina: Science, Medicine, and the Modern State* (Chapel Hill: University of North Carolina Press, 2006); P. Sean Brotherton, *Revolutionary Medicine: Health and the Body in Post-Soviet Cuba* (Durham, NC: Duke University Press, 2012).

中于对话语的分析，有的集中于政治和政策。就像对待种族问题一样，历史学者已经解构了民族认同和国家形成的性别概念。近几十年来，母性主义、产妇、生育和卖淫，以及身体史，都成为重点的研究主题。①

伴随着科学和医学史出现的是技术史。这个领域不太发达，吸引了少数历史学者和更多的社会科学学者。技术史通常被称为科学技术研究（STS）的一个重要部分，但它还没有真正成为一个独立的领域。虽然科学史家在过去几十年中做了一些综合性研究，但在技术史学会（Society for the History of Technology，SHOT）中，研究拉丁美洲的学者却很少。值得注意的是，当拉丁美洲的科学史家建立他们自己的专业组织时（1982），他们将技术史纳入其中（拉丁美洲科学技术史学会，Sociedad Latinoamericana de Historia de las Ciencias y la Tecnología）。该组织及其期刊《基普（Quipu）》主要是由科学史学家管理的。② 历史学者在拉丁美洲的技术史方面做出了

---

① Maria Freire, *Mulheres, mães e médicos: discurso maternalista no Brasil* (Rio de Janeiro: Editorial FGV, 2009); Nara Milanich, *Children of Fate: Childhood, Class, and the State in Chile, 1850–1930* (Durham, NC: Duke University Press, 2009); Katherine Elaine Bliss, *Compromised Positions: Prostitution, Public Health, and Gender Politics in Revolutionary Mexico City* (University Park: Pennsylvania State University Press, 2001); Donna Guy, *White Slavery and Mothers Alive and Dead: The Troubled Meeting of Sex, Gender, Public Health, and Progress in Latin America* (Lincoln: University of Nebraska Press, 2000); Alfredo López Austin, *Cuerpo humano e ideología: las concepciones de los antiguos Nahuas* (Mexico City: Universidad Nacional Autónoma de México, 1980).

② Juan José Saldaña, ed., *Historia social de las ciencias en América Latina* (Mexico City: Coordinación de Humanidades, 1996); Mário Guimarães Ferri and Shozo Motoyama, eds, *História das ciências no Brasil* (São Paulo: EPU/EDUSP, 1979).

第六章　超越拉美史

一些杰出的研究，但他们很少把自己看作技术史学家①。

统一性和多样性

在过去的三十年里，研究拉美史的历史学者们通过使用多样的原始材料和创新的方法论进路，并通过改变他们所研究区域的范围和定义本身，撰写了大量的研究著作。大西洋世界史、边疆史、跨国研究——仅举最明显的例子——产出了极佳的学术成果，同时也挑战了拉丁美洲史这一概念本身。前两种进路借鉴了传统上被称为"殖民地时期拉丁美洲"研究长期的、联系紧密的著作，如关于征服过程、殖民化、经济和社会结构等。同时，他们把历史学者的目光从拉丁美洲重新定位到新的地理和概念单元。后者隐含地（有时是明确地）质疑长期以来不完美地定义了拉丁美洲史领域的概念范畴。在后记中，我将回到本书开始的地方，讨论拉丁美洲的概念、它的过去和它的未来。

---

① Kraimer and Vessuri, "Latin American Science, Technology, and Society"; Eden Medina, Ivan da Costa Marques, and Christina Holmes, eds, *Beyond Imported Magic: Essays on Science, Technology, and Society in Latin America* (Cambridge, MA: MIT Press, 2014); Araceli Tinajero and J. Brian Freeman, eds, *Technology and Culture in Twentieth-Century Mexico* (Tuscaloosa: University of Alabama Press, 2013).

后记：拉丁美洲史的未来

拉丁美洲史有未来吗？正如前面几章所述，这个领域当然有悠久而丰富的历史，从殖民者和被殖民者的作品开始，然后在19世纪独立战争之后的国家建设计划中逐渐成熟。19世纪美国、欧洲和拉丁美洲的绅士学者的作品构筑了历史研究的最初框架，即把国家的历史追溯到殖民地时期，有时是前哥伦布时代。及至20世纪来临，大学里开始出现学院派历史学者，到20世纪中叶，他们在美国和少数几个拉丁美洲国家中的人数已相当多。战后的经济扩张、古巴革命以及冷战的地缘政治，带来了20世纪60年代美国和英国拉丁美洲研究的繁荣。在革命运动、威权政体兴起和人口激增的情况下，许多拉丁美洲大学在20世纪的最后几十年里不断扩大，培养了越来越多的学院派历史学者。

然而，恰恰是由于该领域成功地涌现出杰出的学术成果和很多优秀的学者，引发了对拉丁美洲概念的自我批判，这一概念在19世纪中叶还只是断断续续地出现，到了20世纪下半叶才完全成熟。

20世纪初，北美学者们致力于创建一个拉丁美洲历史学者的专业团体。到了21世纪初，学术界一些非常有影响力的声音对拉丁美洲本身是否存在提出了严厉而持久的批评，并对一个以被称为拉丁美洲的地区为基础组成的专家共同体提出疑问。沃尔特·米格诺洛是将拉丁美洲视为单一地区的最激烈的批评者之一，用他的话来说，"拉丁美洲现在是一个研究的角度，而不是研究的领域"。① 显然，几乎没有人认为"拉丁"美洲这个术语令人满意，即使是那些认为这个被拙劣地命名的地区存在着一些概念上的逻辑性和历史缘由的人。但在美国从事学术工作数十年的墨西哥历史学家毛里西奥·特诺里奥－特里罗，在花了150多页的篇幅对这个概念进行持续的批判后，承认了自己的失败，并宣布它"将在可预见的未来继续存在"②。

专业内部向边疆史、大西洋世界史、跨国史和全球史研究的转向带来了富有创新性的作品，同时隐含地（有时明确地）对继续将该地区想象为一个整体的、智识上立得住的观念的可行性提出了挑战。许多孕育了这一理念的知识分子将拉丁美洲定义为与19世纪新兴北方相对立的地区。1898年后，美国在世界舞台上的出现，给了拉美人更多理由将自己与北美区分开来，也让北方的历史学者更有理由将美国以南看作一个独特的区域，在定义问题上更加达成一

---

① Walter D. Mignolo, *The Idea of Latin America* (Malden, MA: Blackwell, 2005), p. 233.

② Mauricio Tenorio-Trillo, *Latin America: The Allure and Power of an Idea* (Chicago: University of Chicago Press, 2017), p. 164.

后记：拉丁美洲史的未来

致。冷战时期的地缘政治促使美国政府、基金会和大学的财政和官僚权力将地区术语神圣化。具有讽刺意味的是，"美国世纪"的权力巅峰时刻也唤起了该地区人民的团结意识和对拉丁美洲这一概念的更大支持。

在21世纪的前四分之一接近结束之际，历史情势的变化可能标志着向新史学景况的转变。随着大英帝国的消亡和多个全球文化中心的兴起，在19世纪定义拉丁美洲的欧洲（尤其是英国和法国）文化和经济影响似乎离我们已很远很远。美国世纪已经结束，特别是在拉丁美洲，而亚洲世纪还在稳步前行，因为中国已经成为巴西、智利和其他拉丁美洲国家的主要经济伙伴。中国在该地区崛起的力量可能会持续下去，而美国的影响力也会不断下降。这确实是一个区域性和全球性的转变，至少与20世纪30年代和19世纪20年代一样重要。随着中国在全球范围内扩大其力量和影响力，它很可能已经做好准备培养自己的"地区研究专家"队伍。但是，迄今为止，它在拉丁美洲历史研究领域的发表和发展方面尚未产生任何重大影响。中国对该地区的影响——到目前为止——主要是在地缘政治和经济方面。

三大洲的学术团体反映了全球权力动态的变化。欧洲大陆和英国的历史学者群体规模仍然很小，但很有活力。在美国和加拿大，拉美史学者的数量几十年来一直徘徊在1000人以上。现在美国80%以上的历史系都有一位拉美史学者。在拉丁美洲，各国的人数差异很大。墨西哥和巴西的人口占拉丁美洲人口的一半以上，这两个国家大概有8000—10000名历史学者,其中大多数人研究他们自己国家的历史。在独立战争中诞生了传统上被认为属于拉丁美洲一部分的绝大多数国家,而两百年后,还有相当多的学者把研究重点放在曾经是或现在仍被认为是拉丁美洲一部分的美洲地区。在未来的几十年里,将不乏从事上述研究的历史学者。问题是:他们会认为自己是研究拉丁美洲的历史学者吗?

概括地说,社会史从20世纪60—80年代、文化史从20世纪80年代末到21世纪初分别占据主导地位,尽管也有其他进路出现并带来了优秀的作品。我们是否正处于另一个周期性的历史学转变之中?我们是否看到了一种以社会为基础的文化史的出现,这将导致一种社会学和文化进路的融合?无论大趋势如何,我们肯定会继续看到关于奴隶制、原住民、种族、环境、科学、医学和性别(仅举几个主题)的杰出和创新的研究。一如既往,所创作的作品类型将取决于塑造下一代历史学者的结构条件。

从历史学者的长远视角来看,19世纪20年代在拉丁美洲大部分地区是战争和国家建设的十年。20世纪20年代,是欧洲和美洲从第一次全球性战争中复苏的十年,在美洲大部分地区,是大萧条前夕的经济扩张期。而在21世纪20年代初,我们面临着巨大的不确定性,这个世界已经不可避免和不可逆转地全球化,通过贸易、移民和数字媒体相互联系在一起。全球的缩小促进了历史研究、合作以及历史作品的传播,其规模、范围和速度都是前所未有的。然而,在这个历史时刻,经济和政治危机以及大学的重塑给所有历史学者

后记：拉丁美洲史的未来

带来了挑战。

欧洲和美洲的大学面临着重大的结构调整，这将严峻地考验历史和人文学科的未来和现实关切。在未来的几十年里，历史学的学术职位可能会缩减，工作保障也会变得更加脆弱。至少二十年来，"发表"的压力一直在增大，并将持续下去。这一方面会进一步加强专业化，另一方面也会促进合作。专家间的合作可能会带来更大、更全面的项目，跨越学科和政治边界。欧盟和英国过去20年的经历可能预示着美国和拉丁美洲的历史学者的未来。在过去的半个世纪里，现代研究型大学加速追求来自政府、基金会和赞助人越来越多的资金。和过去一样，这将促使历史学者根据资金来源确定优先考虑的研究项目，并将塑造他们职业生涯的方向。

巨大的体制压力已经促使历史学者对其教学进行再概念化，尤其是重新反思那种将世界划分为若干地理区域、政治单位和时间阶段的悠久传统——"西方崛起"和民族国家在其中受到特别崇尚。在英国和美国，这意味着更加强调跨越政治边界的主题和问题。该专业领域更大的智识和制度力量可能已经促使拉丁美洲史学者以一种奇怪的方式，越来越多地弥合界限和边界，将该地区纳入更大的全球背景中，背离聚焦于区域的趋向。

正如这一简短的拉丁美洲史学史通论所表明的，几十年来，通过来自许多国家和地区、跨越多种学科和方法的学者的互动，这一领域得到了极大的丰富。事实上，拉丁美洲研究总体上也是如此。如此多的学者愿意将目光投向历史学科之外，投向人类学、文化研究、经济学、政治学和社会学（仅举几个最明显的方面），表明他们渴望理解和解释过去。早在跨学科成为学术界的流行语之前，拉丁美洲的历史学者就经常跨越学科的界限，寻求对该地区的理解。让我们期待，在全球化和职业专门化的时代，这一悠久的传统能够继续丰富该领域的研究。

一个多世纪以来，三大洲的专业历史学者对一个被他们称为拉丁美洲的地区进行了概念化，并撰写这一地区的历史。这一观念的核心是，从北美洲西部延伸到巴塔哥尼亚的美洲地区曾经有一个共同的历史。西班牙和葡萄牙君主从15世纪末开始入侵、征服、殖民，并在这些土地上扩展其（通常是脆弱的）管理。在三个多世纪中，特别是在中部美洲、安第斯、巴西和加勒比等核心地区，伊比利亚帝国试图将它们的宗教、语言、文化、政治控制和经济体系强加于人，而美洲原住民、被奴役的非洲人以及他们的后代则在抵抗和斗争中尽可能地保留他们崩塌的世界。从15世纪末开始，三条种族之河在美洲汇集，带来了文化碰撞，从种族混合中产生了新的、充满活力的东西。

如果有什么东西我们可以称之为拉丁美洲（无论这名字起得多糟），那么它正是在这种碰撞中形成的，就像一条伟大的新河，由三条涌动的人类之流汇合而成。然而，即使对那些最执着于拉丁美洲概念的人来说，很明显，到1800年，这条大河已经开始分流成许多独立的小溪，就像亚马逊河在接近赤道大西洋时分裂出许多支流那样。当该地区进入20世纪时，许多路径更加分化，在殖民地时期的

后记：拉丁美洲史的未来

熔炉中形成的共同点也逐渐消失。到了21世纪的前几十年，日益扩大的差异使人们越来越难以将传统上与拉丁美洲相关的19或20个国家视为一个统一的区域单位。随着美国在该地区力量减弱，以及与美国、欧盟和中国的整合程度出现差异，该地区内明显的社会、文化和经济差异凸显出来。即使是该地区的精英们几个世纪以来共享的伊比利亚文化精神，随着来自全球各地的文化影响不断加深，也逐渐成为过去。如果曾经有一个共同的殖民遗产，它对这个广大地区的影响是否像我们曾想象的那样普遍？今天的巴西和墨西哥真的与尼加拉瓜和古巴有那么多的共同点吗？拉丁美洲的各个地区在经济和文化上是否已经变得非常多样化，以至于殖民时代的共同性已不再重要？

学者们将继续争论拉丁美洲这一概念的意义和有效性，以描述西班牙和葡萄牙曾经试图统治的这个包含几乎全部南美、加勒比、中美洲和墨西哥的地区的过去。然而，昔日的伊比利亚美洲帝国内很多地区之间的持续分化，使得将来坚持一个持久统一的区域身份愈加困难。拉丁美洲或许有一个共同的过去，但它可能没有一个共同的未来。

进一步阅读

有关拉丁美洲历史的文字材料浩如烟海，内容丰富，比起从中列出一份清单，我更愿意把那些对我写作本书最有帮助的史学著作列在此处。牛津参考书目数据库（www.oxfordbibliographies.com）尤其有用，其中许多书目都为拉美史众多分支领域提供了有益见解。

第一章 什么是拉丁美洲

Mark T. Berger, *Under Northern Eyes: Latin American Studies and U.S. Hegemony in the Americas, 1898–1990* (Bloomington: Indiana University Press, 1995).

Leslie Bethell, ed., *The Cambridge History of Latin America*, 11 vols (Cambridge: Cambridge University Press, 1984–2009).

Paul W. Drake and Lisa Hilbink, "Latin American Studies: Theory and Practice," in David Szanton, ed., *The Politics of Knowledge: Area Studies and the Disciplines* (Berkeley: University of California Press, 2004), pp. 34–73.

Thomas H. Holloway, ed., *A Companion to Latin American History* (Malden, MA: Wiley-Blackwell, 2011).

José Moya, ed., *The Oxford Handbook of Latin American History* (New York: Oxford University Press, 2010).

第二章 先驱的世代

Howard F. Cline, comp. and ed., *Latin American History: Essays on Its Study and Teaching, 1898–1965*, 2 vols (Austin: University of Texas Press, 1967).

Helen Delpar, *Looking South: The Evolution of Latin Americanist Scholarship in the United States, 1850–1975* (Tuscaloosa: University of Alabama Press, 2008).

Ricardo Donato Salvatore, *Disciplinary Conquest: U.S. Scholars in South America, 1900–1945* (Durham, NC: Duke University Press, 2016).

Guillermo Zermeño Padilla, "Mexican Historical Writing," in Axel Schneider and Daniel Woolf, eds, *The Oxford History of Historical Writing*, Vol. 5: *Historical Writing since 1945* (New York: Oxford University Press, 2011), pp. 454–472.

第三章 经济与量化转向

Victor Bulmer-Thomas, John H. Coatsworth, and Roberto Cortés Conde, eds., *The Cambridge Economic History of Latin America*, 2 vols (Cambridge: Cambridge University Press, 2006).

John H. Coatsworth and William R. Summerhill, "The New Economic History of Latin America: Evolution and Recent Contributions," in José Moya, ed., *The Oxford Handbook of Latin American History* (New York: Oxford University Press, 2010), pp. 407–423.

Stanley J. Stein and Roberto Cortés Conde, eds, *Latin America: A Guide to Economic History, 1830–1930* (Berkeley: University of California Press, 1977).

第四章 社会转向

E. J. Hobsbawm, "From Social History to the History of Society," *Daedalus*, 100/1 (1971): 20–45.

Jane S. Jaquette, "Introduction: From Transition to Participation – Women's Movements and Democratic Politics," in Jaquette, ed., *The Women's Movement in*

Latin America: Feminism and the Transition to Democracy (Boston: Unwin Hyman, 1989).

Susan Socolow, "Women in Colonial Latin American History," and Elizabeth Quay Hutchinson, "Women in Modern Latin American History," *Oxford Bibliographies*, www.oxfordbibliographies.com.

第五章 文化和其他转向

"AHR Forum: Historiographical 'Turns' in Critical Perspective," *American Historical Review*, 177/3 (2012): 698–813.

Peter Burke, *What Is Cultural History?* (3rd edn, Cambridge: Polity, 2019).

Sueann Caulfield, "The History of Gender in the History of Latin America," *Hispanic American Historical Review*, 81/3–4 (2001): 449–490.

Gilbert M. Joseph, Catherine C. LeGrand, and Ricardo D. Salvatore, eds, *Close Encounters of Empire: Writing the Cultural History of U.S.–Latin American Relations* (Durham, NC: Duke University Press, 1998).

Thomas Miller Klubock, "Writing the History of Women and Gender," *Hispanic American Historical Review*, 81/3–4 (2001): 493–518.

Florencia E. Mallon, "The Promise and Dilemma of Subaltern Studies: Perspectives from Latin American History," *American Historical Review*, 99/5 (1994): 1491–1515.

Elías José Palti, "Recent Studies on the Emergence of a Public Sphere in Latin America," *Latin American Research Review*, 36/2 (2001): 255–287.

Pablo Piccato, "Public Sphere in Latin America: A Map of the Historiography," *Social History*, 35/2 (2010): 165–192.

Matthew Restall, "The New Conquest History," *History Compass*, 10 (2012): 151–160.

Heidi Tinsman, "A Paradigm of Our Own: Joan Scott and Latin American History," *American Historical Review*, 113/5 (2008): 1357–1374.

第六章 超越拉美史

Jeremy Adelman and Stephen Aron, "From Borderlands to Borders: Empires, Nation-States, and the Peoples in between in North American History," *American Historical Review*, 104/3 (1999): 814–841.

Anne-Emanuelle Birn and Raúl Necochea López, "Footprints on the Future: Looking Forward to the History of Health and Medicine in Latin America in the Twenty-First Century," *Hispanic American Historical Review*, 91/3 (2011): 503–527.

Jorge Cañizares-Esguerra and Benjamin Breen, "Hybrid Atlantics: Future Directions for the History of the Atlantic World," *History Compass,* 11/8 (2013): 597–609.

Mark Carey, "Latin American Environmental History: Current Trends, Interdisciplinary Insights, and Future Directions," *Environmental History*, 14/2 (2009): 221–252.

"Focus: Global Currents in National Histories of Science: The 'Global Turn' and the History of Science in Latin America," *ISIS,* 104/4 (2013) [special issue].

Alison Games, "Atlantic History: Definitions, Challenges, and Opportunities," *American Historical Review,* 111/3 (2006): 741–757.

Pekka Hämäläinen and Samuel Truett, "On Borderlands," *Journal of American History*, 98/2 (2011): 338–361.

Pablo Kraimer and Hebe Vessuri, "Latin American Science, Technology, and Society: A Historical and Reflexive Approach," *Tapuya: Latin American Science, Technology and Society,* 1/1 (2018): 17–37.

Eden Medina, Ivan da Costa Marques, and Christina Holmes, eds, *Beyond Imported Magic: Essays on Science, Technology, and Society in Latin America* (Cambridge, MA: MIT Press, 2014).

Germán Palacio, "An Eco-Political Vision for an Environmental History: Toward a Latin American and North American Research Partnership," *Environmental History*, 17/4 (2012): 725–743.

"Science and Medicine in Latin America," *Hispanic American Historical Review,* 91/3 (2011) [special issue].

John Soluri, Claudia Leal, and José Augusto Pádua, eds, *A*

Living Past: Environmental Histories of Modern Latin America (New York: Berghahn Books, 2018).

后记：拉丁美洲史的未来

Sonia Álvarez, Arturo Arias, and Charles Hale, "Re-visioning Latin American Studies," *Cultural Anthropology*, 26/2 (2011): 225–246.

Walter D. Mignolo, *The Idea of Latin America* (Malden, MA: Blackwell, 2005).

Mauricio Tenorio-Trillo, *Latin America: The Allure and Power of an Idea* (Chicago: University of Chicago Press, 2017).

精选拉丁美洲通史

John Charles Chasteen, *Born in Blood and Fire: A Concise History of Latin America* (4th edn, New York: W. W. Norton, 2016).

Marshall C. Eakin, *The History of Latin America: Collision of Cultures* (New York: Palgrave Macmillan, 2007).

Thomas E. Skidmore, Peter H. Smith, and James N. Green, *Modern Latin America* (8th edn, New York: Oxford University Press, 2014).

Edwin Williamson, *The Penguin History of Latin America* (rev. edn, London: Penguin, 2009).

索 引

（索引页码为本书边码）

abolition 51–57
Africa and Africans 16, 107, 108
Afrodescendants 8, 12, 111, 117
agency 4, 53, 56, 59, 62, 67, 68, 79, 85, 88, 106–108, 117–118
Aguirre Beltrán, Gonzalo 58
Alamán, Lucas 22
Alberro, Solange 91
Allende, Salvador 44
Alonso, Ana María 90
Altamira, Rafael 29
American Council of Learned Societies 10
American Historical Association (AHA) 2, 23, 27
American Historical Review 84
American Society of Ethnohistory 58
American studies 100–101
Andean region 59, 60, 61, 92–94
Anderson, Benedict 22, 83
Anglo-Saxon America 8–9
Annales School 28, 30–31, 41–43, 53, 61, 64, 70–71, 78, 91

anthropology 24, 42, 51, 61, 78, 79, 82–83, 89, 90, 92
area studies 10, 36, 76–77, 103, 123
Argentina 17
  historical community 28, 30, 35
Arrom, Silvia, 69
Atlantic world history 4, 78, 85, 97, 106–110, 119, 122
Australia 59
authoritarianism 71–72, 76, 121
Aztecs/Nahuas 19, 23, 29, 34, 57–59

Babini, José 115
Bailyn, Bernard 106
Bakewell, Peter 63
Bancroft, Hubert Howe 21–22, 24, 27
Bandelier, Adolph 21
Barros Arana, Diego 22
Barthes, Roland 80
Beckert, Sven 105
Beezley, William 89
Bergquist, Charles 67
Berlin, Ira 108
Bethell, Leslie 54, 73

Black Legend 24
Blakemore, Harold 31
Bloch, Marc 31
Bolívar, Simón 8
Bolton, Herbert Eugene 26–28, 31, 33, 97–98
Borah, Woodrow 27, 33, 40
borderlands 4, 27, 78, 97–100, 102, 103, 120, 122
Bourbon Reforms 72
Bourdieu, Pierre 79–80, 90, 116
Bourne, Edward Gaylord 23–24
Boxer, Charles 31, 64
Brading, David 63
Braudel, Fernand 42, 60
Brazil 11, 13, 17, 22
　graduate programs in 2, 26
　racial categories 12
　slavery 7
Brennan, James 67
Bricker, Victoria 93
Bulletin of Latin American Research 12, 73
Burgos-Debray, Elisabeth 69
Burke, Peter 78
Burkhart, Louise 93
Burkholder, Mark 72
Burns, E. Bradford 14–15, 49, 73
business history 66

Cambridge History of Latin America 15–16, 73
Canada 2, 123
Candido, Mariana 109–110
Cañizares-Esguerra, Jorge 117
capitalism 46–47, 57, 61, 76
　new history of 105
Cárdenas, Lázaro 66–67
Cardoso, Ciro F. S. 43, 62
Cardoso, Fernando Henrique 48, 105
Caribbean 6, 10, 11, 16, 60, 107

decolonization 14
slavery 7
Carrasco Pizana, Pedro 59
Castro, Fidel 37
Catholicism 22, 24, 32, 116
　spiritual conquest/evangelization 70–71, 92–93
Central America 72, 76, 91, 103
Césaire, Aimé 81, 111
Chandler, D. S. 72
Chapman, Charles Edward 14, 25, 27
Charles V 19
Chartier, Roger 78
Chasteen, John Charles 15
Chaunu, Huguette 42, 106
Chaunu, Pierre 42, 106
Chevalier, François 60–61, 87
Chile
　historical community in 28
China 123, 126
citizenship 86–88, 93–94
class (social) 91
Clayton, Lawrence 15
Clendinnen, Inga 59, 92
climate 114
Cline, Howard 33, 34
Cold War 3, 9, 36, 49, 102, 121, 122
Colegio de México 29
Colonial Latin American Historical Review 73
colonialism 19, 24, 27, 82, 116, 118
Columbia University 33, 52, 81, 87
Columbian Moment 6, 16
Columbus, Christopher 6, 16, 18, 19, 21, 107
Comisión Económica para América Latina (CEPAL)/ Economic Comission for Latin America 11, 47

commodities
  bananas 47, 114
  beef 47
  chocolate 108
  coffee 40, 47, 61, 105, 108
  commodity chains 105, 108
  copper 46, 47
  cotton 40, 105, 108
  diamonds 64–65
  dyes 46, 65
  emeralds 108
  gold 46, 65
  guano 114
  henequen 114
  oil 114
  pearls 108
  rice 108
  rubber 113
  silver 40, 46, 65
  sugar 47, 61, 65, 108, 114
  tin 46, 47
tobacco 108
  wheat 47
Conference on Latin American History (CLAH) 1–2, 25, 110
Conniff, Michael 15
Conrad, Robert 54
Cook, Noble David 40
Cook, Sherburne 33, 40
Cortés, Hernán 19, 21, 68
Cosío Villegas, Daniel 29–30
Costa, Emilia Viotti da 53, 59
creolization 107
criollos/creoles 7, 9, 72
Crosby, Alfred 113, 118
Crow, John A. 14
Cruz, Sor Juana Inés de la 68
Cuba 13, 17, 55, 76
Cuban Revolution 4, 37, 44, 75, 84, 121
Cueto, Marcos 118
cultural studies 51, 78

cultural turn/history 39, 43, 73, 75–95, 111, 116, 123
culture 78–79, 82–83
Cumberland, Charles 33
Cunha, Euclídes da 26
Curtin, Philip 108–109
Cushman, Greg 114

Damas, Léon 111
Dean, Warren 113
debt crisis 49
Degler, Carl 52, 111
DeLay, Brian 99
democratization 76
demographic history 33, 40, 92, 118
demography 6–7, 110
dependency theories 44–50, 104–105, 116
Derrida, Jacques 69, 79–80
Díaz, Porfirio 25
diplomatic history 33
disease 6, 113, 118
Dobyns, Henry 40
Doherty Foundation 37
Dominican Republic 55
drugs and drug trafficking 104
Dunkerley, James 72
Dutch empire 54

Earle, Rebecca 93
economic history 33, 34, 36–50, 104–106
economics 41, 48, 51, 75, 105
elections and electoral politics 85–86
Elliott, J. H. 31
Eltis, David 109
Emory University 109
Engerman, Stanley 41
Enlightenment 81, 86, 117
environmental history 112–115
Ethnogeographic Board 10
ethnohistory 57, 70–71

Europe
  empires in the Americas 7,
    10, 97, 99, 107
  historical community in 2–3,
    38, 94, 96–97, 123
Europeans 6–10, 18, 97, 99,
    113, 117
Evans, Peter 48
Evans, Sterling 114

*Facultad Latinoamericana
  de Ciencias Sociales*
  (FLACSO)/ Latin
  American Social
Sciences Faculty 11–12
Faletto, Enzo 48
Fanon, Frantz 81
Farriss, Nancy 59, 70, 92
Febvre, Lucien 31
First World War 3, 32, 49
Florescano, Enrique 42
Fogel, Robert 41, 105
Fondo de Cultura Económica
    30
Ford Foundation 36, 37
Foster, George 58
Foucault, Michel 69, 79–80,
    89–91, 118–119
France 13
  empire 54
  historical community in 2,
    28, 30–31
  influence in Latin America
    8, 31
  invasion of Mexico 8
Franco, Francisco 30
Frank, Andre Gunder 47–48
French, William E. 83, 89
Freyre, Gilberto 26, 52, 110–111
Friedman, Milton 48
frontiers 97–98

Games, Alison 106
Gamio, Manuel 58

Gaos, José 29
García Canclini, Néstor 89
García Icazbalceta, Joaquín 22
Geertz, Clifford 89
gender and women's history
    67–70, 89–92, 99, 119
Genovese, Eugene 52–53
gentlemen scholars 3, 20, 121
geography 113
Gibson, Charles 33–34, 57, 59,
    113
Gilroy, Paul 109
globalization 76–77, 89, 101,
    102, 104
Godinho, Vitorino Magalhães
    30
Gootenberg, Paul 104
Gortari, Eli de 115
Graham, Richard 73
Gramsci, Antonio 79, 84, 90
Grandin, Greg 103
Great Britain
  empire 16, 49, 54, 81, 123
  historical community in 2–3,
    28, 31, 38, 73–74, 77, 91,
    123
Great Depression 49, 75, 124
Great Recession 77
Griffith, William J. 27
Gruzinski, Serge 71, 92
Guardino, Peter 85
Guerra, François-Xavier 87–88
Gunther, John 14
Gutierrez, Ramon 99
Guy, Donna 69

Haber, Stephen 105
Habermas, Jürgen 86–87
Hackett, Charles W. 27
Haiti 11, 13, 55, 56
Hamäläinen, Pekka 99
Hamilton, Earl J. 40, 63, 106
*Handbook of Latin American
  Studies* 25

Hanke, Lewis 32
Haring, Clarence 26, 34
Harvard University 26, 34, 68, 106
Hassig, Ross 93
Hawthorne, Walter 109
Hennessy, Alistair 31
Herring, Hubert 13, 14
Heywood, Linda 109
Hispanic American Historical Review (HAHR) 9, 13, 25, 73, 82–84
Hispanic Foundation 34
Hobsbawm, Eric 83
Holanda, Sérgio Buarque de 26
Humphries, Robin 31
hybridity 107, 116

immigration 17, 97, 102
imperialism 8, 44, 47, 103, 116, 118
  cultural 13
  ecological 113
Incas 59
independence
  wars 7–8, 22, 65–66, 83, 88, 94
Indians/Native Americans/ indigenous peoples 8, 12, 17, 40, 57–59, 108, 111, 117
  indigenism 23, 93–94
  languages 93
  origin of name 6
  rebellions 94
Indies (*las Indias*) 6, 20
indigenous history 33–34, 92–94, 97–99
industrialization 65, 75
Inquisition 68, 84, 91, 117
institutions 70–73
  historical 22–23
  scientific 116, 118
  universities 25, 30, 36, 53, 77, 110, 121, 124

intellectual history 32, 88, 101–102
Irving, Washington 20
Israel 6

James, C. L. R. 56
James, Daniel 70
Jiménez Moreno, Wigberto 58
Jobet, Julio César 44
Johns Hopkins University 32, 54, 106, 109, 110
Johnson, John J. 46
Johnson, Lyndon 45
Joseph, Gilbert 85, 102
Joslin, David 31
Journal of Latin American Studies 73

Keen, Benjamin 15, 21, 23, 24, 73
Kennedy, John F. 45
Kings College London 31
Kiple, Kenneth 56
Klein, Herbert S. 56, 109
Knight, Franklin 56
Kristeva, Julia 69

labor 63–67
  history 66–67
  rural 61
land tenure systems 60–61
Landers, Jane 108
Lanning, John Tate 27, 32
Las Casas, Bartolomé de 19, 32
Latin America
  colonial period 19–20, 33, 106, 117, 120
  critiques of term 12–13, 121–122
  definitions 15–17, 55, 78, 125–126
  graduate programs in 38, 116
  historical community in

38, 73–74, 77, 85, 91, 94, 96–97, 125
literature 37, 93
origins of term 5–18
post-colonial period 33
universities 20, 77, 96
various names for 7
Latin American and Caribbean Society of Environmental History/La Sociedad Latinoamericana y Caribeña de Historia Ambiental (SOLCHA) 115
Latin American Perspectives 49
Latin American Research Review 12
Latin American studies 10, 125
  boom in 4, 12, 36–37, 121
  centers 10–11
Latin American Studies Association (LASA) 12
Latin culture 9
latinoamericanos 11
Latinx/Chicano studies 99, 100
Lavrin, Asunción 68
legal history 72–73
Lenin, V. I. 47
Leonard, Irving A. 27
León-Portilla, Miguel 58
Lévi-Strauss, Claude 42, 80
Levy, Maria Bárbara 42
linguistics 42, 78, 93
Lockhart, James 57–58, 92–93
longue durée 31
Lorente, Sebastián 22
Lummis, Charles F. 21
Lynch, John 31

Malinche, La/Doña Marina 68
Mallon, Florencia 59, 84, 85
Marchant, Alexander 32
Marcilio, Maria Luiza 42
Mariátegui, José Carlos 44
Marshall, T. H. 88
Martin, Cheryl 89
Martin, Percy Alvin 13, 33
Martínez, Oscar 100
Martínez-Alier (Stolcke), Verena 69
Marx, Karl 43, 80
Marxism 43–49, 52–53, 69, 79, 84, 91
Matory, Lorand 109
Matos Moctezuma, Eduardo 59
Mattoso, Kátia de Queirós 53–54
Mauro, Frédéric 42–43
McCaa, Robert 40
Mecham, John Lloyd 27
medicine, history of 104, 115–119
Melville, Elinor 113
Memmi, Albert 81
Menchu, Rigoberta 69
merchants 63–66
Mesoamerica 58, 60, 61, 92–94
mestizaje/mestiçagem 26, 29, 110–112
Mexican Revolution 25, 29, 33, 62
Mexico
  graduate programs in 2, 25
  historical community in 28–30, 34
  immigration 17
  Institutional Revolutionary Party (PRI) 29
  racial categories 12
  relations with U.S. 33
Middle East 76, 103, 110
Mignolo, Walter 13, 122
Miller, Joseph 109
mining 113, 114
  gold 63–64
  silver 61, 63–64
Mitre, Bartolomé 22
modernization theory 45, 116
Moreno, Gabriel René 22

索引

Moreno Fraginals, Manuel 56
Morgan, Lewis Henry 21
Morse, Richard 32
Moses, Bernard 23–24
Mott, Luiz 91
Moya, José 10
multiculturalism 93
Munro, Dana G. 14
Murra, John 59
music 89, 104

Nahuatl 57–58, 92–93
Napoleon III 8
Nash, June 58
National Research Council 10
nationalism and national
    identity 83, 101
    Brazil 29
    Mexico 29, 85
    Peru 85
négritude 111
neo-liberalism 75–77, 84, 104–105
New World 6, 16, 20, 24
Newson, Linda 40
norteamericanos 11
North, Douglass 105
Nugent, Daniel 85

O'Donnell, Guillermo 72
Old World 6, 16
oral history 69–70
Oswaldo Cruz Foundation 118

Palomino, Pablo 104
Pan American movement 24
Patterson, Orlando 109
Peace Corps 37
peasants 61–62, 85
Pease, Franklin 59
peninsulares 7, 72
Pérez Brignoli, Héctor 43
Perkins, Dexter 24
Perón, Juan 67
Philippines 24

Piccato, Pablo 87
Pilcher, Jeffrey 89
Pinochet, Augusto 76
political history 71–72, 84–85, 94
political science 51
popular culture 88–89
populism 67
Portugal 13
    empire 16, 22, 31, 46–47, 63,
        65
    historical community in 2,
        28, 30
positivism 20–21
post-colonial studies 78–81, 116
post-modernism 78–81, 102
post-structuralism 78–81
Potosí 61, 63–64
Prado Júnior, Caio 26, 44
Pratt, Mary Louise 103
Prébisch, Raúl 47
Prescott, William Hickling
    20–22, 24, 27
Price, Richard 56
Priestley, Herbert I. 27
Protestantism 24, 32
public health, history of 91,
    104, 115–119
public sphere 85–88
Puerto Rico 11, 17, 55

quantitative history 31, 39–43,
    109, 118
Quipu 119

race/ethnicity 110–112, 118
    race relations 51–57, 104, 111
    racial categories 7
    racial mixture 24, 29,
        110–111; see also mestizaje/
        mestiçagem
Ramos, Raúl 99
Randall, Margaret 69
Ranke, Leopold von 20, 23,
    28–30

Reagan, Ronald 75
Redfield, Robert 58, 62
Reis, João José 54
religion/religious beliefs 71, 109
religious orders and institutions 68, 72, 89
Reséndez, Andrés 99
Restall, Matthew 93
Ricard, Robert 70–71
Richardson, David 109
Rippy, J. Fred 14, 27
Riva Palacio, Vicente 22
Robertson, William 22
Robertson, William Spence 13, 24, 25
Rockefeller Foundation 117
Romano, Ruggiero 64
romanticism 20, 93
Romero, José Luis 30
Ross, Stanley 33
Rostow, W. W. 45
rural history 60–62
Russell-Wood, A. J. R. 54

Sabato, Hilda 86–87
Safier, Neil 116
Said, Edward 81
St. John, Rachel 100
Salazar, Antonio de Oliveira 30
Sandinistas 69, 76
Santiago, Myrna 114
Santo Domingo 20
Scarano, Francisco 56
Schaeffer, Wendell G. 14
Schoultz, Lars 103
Schroeder, Susan 93
Schwartz, Stuart 54, 62, 117
science, history of 104, 115–119
Scott, Joan 89–90
Scott, Rebecca J. 56
Second World War 2, 9, 25, 44, 49, 58
Seed, Patricia 69, 107
Seigel, Micol 104

Senghor, Léopold 111
Seville 26, 63
sexuality *see* gender and women's history
Shining Path 84
Simonian, Lane 114
Simpson, Lesley Byrd 24, 33, 40
Skidmore, Thomas E. 15
slavery 6–7, 51–57, 107
  Brazil 40, 52–54, 61
  Caribbean 52, 54–57, 61
  resistance to 56, 62
  slave trade 7, 56, 102, 108–110
  United States 41, 52
Smith, Peter H. 15, 103
Smithsonian Institution 10
Social Darwinism 24
social history 31, 33, 37, 39, 43, 51–74, 90, 94, 98, 111, 123
Social Science Research Council 25, 37
socialism 46–47, 61, 76, 82
Sociedad Latinoamericana de Historia de las Ciencias y la Tecnología 119
Society for Latin American Studies 12, 73
Society for the History of Technology (SHOT) 119
sociology 48, 51, 78, 79
Soto Laveaga, Gabriela 100
Southey, Robert 22
Souza, Laura de Mello e 64, 91
Soviet Union (USSR) 9, 44–45, 82
Spain 13
  empire 10, 16, 46–47, 54, 63, 65, 94
  historical community in 2, 28
Spalding, Hobart 67

Spalding, Karen 59
Spencer, Herbert 21
Spivak, Gayatri 81–82
Stanford University 27, 105
Stavenhagen, Rodolf 62
Stein, Barbara 48
Stein, Stanley 34, 40, 48
Stepan, Nancy 116, 118
Stern, Steve 59, 90
Street, John 31
structuralism 31, 42, 71, 80
subalterns 79, 81–82, 83, 84–85

Tandeter, Enrique 64
Tannenbaum, Frank 33, 52
Tavárez, David 93
Tax, Sol 58
Taylor, William 72
technology, history of 119
Tenorio-Trillo, Mauricio 122
Terraciano, Kevin 93
textbooks 13–14, 73
Thatcher, Margaret 75, 77
Third World 44–45
Thompson, E. P. 91
Thornton, John 109
Tinker Foundation 37
Topik, Steven 105
Toplin, Robert Brent 54
Torre, Raúl Haya de la 93–94
Townsend, Camilla 93
transnational history 17, 100–104, 120, 122
Truett, Samuel 100
Tupac Amaru 94
Tupac Catari 94

UNESCO 11
United Kingdom *see* Great Britain
United Nations 11
United States
 Department of Education 5, 37
 Department of State 46
 graduate programs in 2, 36, 38–39, 110, 116, 123
 historical community in 38, 73–74, 77, 85, 91, 94, 96–97, 121–125
 National Defense Education Act 9–10, 36
 national resource centers 10–11
 relations with Latin America 24, 69, 102–104
Universidad Nacional Autónoma de México (UNAM) 62
Universidade de São Paulo (USP) 42, 53
University of California, Berkeley 21, 23, 24, 25, 27, 63, 113
 Berkeley School 33–34, 40, 58, 118
University of Chicago 48, 62
University of Hull 109
University of New Mexico 98
University of Paris 43, 53, 59, 62, 64, 87
University of Texas 26–27
University of Wisconsin 109
USSR *see* Soviet Union

Vainfas, Ronaldo 91
Valcárcel, Luis 59
Van Young, Eric 62, 82–84, 94
Vargas, Getúlio 67
Vasconcelos, José 110
Vespucci, Amerigo 6
Viezzer, Moema 69–70

Wachtel, Nathan 59
Wakild, Emily 114
Waldseemüller, Martin 6
Wasserman, Mar 73

Weber, David J., 98–99
West, Robert C. 63
Whitaker, Arthur P. 24
White, Richard 99
Williams, Eric 57
Williamson, Edwin 15
Wolf, Eric 62
Womack, Jr., John 62

women's movements and feminism, 68, 69, 90
Worcester, Donald E. 14

Yale University 23, 26, 34, 53

Zavala, Silvio 29
Zolov, Eric 89